二瓶弘行・青木伸生 編著
国語“夢”塾 著

小学校国語 物語文の授業技術大全

明治図書

序章
物語文の授業技術を磨くために

筑波大学附属小学校　青木伸生

学習用語を定義する

「『ごんぎつね』の登場人物は何人ですか？」

と問われたら、何人と答えますか？　その答えに自信はありますか？

「登場人物」という学習用語は、1年生から学び、使ってきていると思います。しかし、その定義を教師自身が認識し、子どもたちにわかるように説明しているでしょうか。

「国語の授業は曖昧だ」と言われますが、こうした用語の定義そのものも曖昧になっているのではないかと思います。算数の「分母」という用語が何を指し示しているのか曖昧だったら、とても授業になりませんよね。「平行四辺形」の定義がわかっていなかったら、図形の仲間分けはできません。国語の授業も同じはずです。教室で使われている学習用語の定義がばらばらなのに、その用語を使って話し合いをしようと思ったところで、しっかりかみ合うはずがないのです。本を正せば、**教師自身が用語をしっかり定義できていないまま授業で使っているところに問題があります。**

登場人物とは、「人格をもって主体的に行動する人物」と定義できます。ですから、お日様でも、うさぎさんでも、人間のように描かれていれば、「人格をもって」いると判断できます。登場人物は人間とは限らないのです。

そして、低学年のうちは、子どもたちに登場人物であるかないかの判断の目印は「会話文」であると説明しています。「主体的に行動する」と言われても、低学年の子どもにはピンときません。そこで、会話文を目印にします。セリフを言っていれば、自分から動いていると判断できるからです。さらに、会話文の「　」（かぎかっこ）があるかないかは、だれにでも100％判別できます。教室内のすべての子どもが、客観的に判断できる目印が会話文です。

「登場人物」を定義して学ぶだけで、子どもの読みは安定します。さらに、物語の展開の中で一番大きく変わる人物が「中心人物」であると定義できます。

こうして学んできた子どもたちは、「　」（かぎかっこ）を目印にして、『ごんぎつね』

に登場する人物を数えることができます。答えは５人です。兵十の母親はセリフがないので、登場人物には入りません。しかし、作品中の重要な存在には違いありません。６年生で学ぶ『海の命』のクエと同じ存在です。

ところが、よくよく読んでみると、ごんにも会話文がないことに気がつきます。「　」は確かにあります。しかし、そのまわりの地の文をよく読んでください。「思いました」「考えました」となっていて、「言いました」というところは１か所もないのです。つまり、ごんには会話文がないということで、今までに学習してきた定義に照らし合わせると、「ごんは登場人物ではない」ということになります。これはどう考えてもおかしいですよね。そこで、学習用語の定義のバージョンアップ、更新が必要になります。「会話文がなくても、主体的に行動している人物は登場人物とする」というように。

国語科は、ある意味究極の繰り返し教科であると言うことができます。１年生から６年生まで、物語を毎年学びます。説明文も然り、です。しかし、**各学年で学ぶことは、実は系統性をもっています。**４年生で『ごんぎつね』を学ぶためには、３年生までの学習の積み重ねが必要なのです。学習の積み重ねは、それまでに学び、身につけてきた学習用語が目印の１つになります。ですから、**教師自身が学習用語を身につけ、定義を理解している**

ことが必要なのです。

教材研究の仕方を身につける

教師が教材を読めていなければ、よい授業をすることなどできるはずがありません。では、教材研究はどのようにすればよいのでしょうか？

その方法にはいろいろありますが、まず、物語は「作品の中で何かが大きく変わる」というのが一番の骨組みです。ですから、自分が授業をする教材では、**作品の展開の中で、「何が、どのように変わったか」を捉えることが、物語の一番大きな枠組みを捉えること**になります。

ここで、変わるものは、気持ちだけとは限らないと考えながら読むことが重要です。この捉え方が曖昧だと、授業そのものが曖昧になります。

例えば、低学年で読む『お手紙』は、手紙をもらったことのない、がまくんの悲しい気持ちから物語が始まります。そして、物語の最後には、かえるくんから手紙をもらえることがわかって、とても幸せな気持ちに変容します。低学年の物語は、悲しいからうれしいへ、というように、気持ちが変わるものが多いと言えます。

中学年になると、例えば、『ごんぎつね』では、何が変わる物語だと言うことができるでしょうか。これは、ごんと兵十の関係が変わる物語であると言うことができますね。

高学年・5年生の『大造じいさんとガン』は、大造じいさんの、残雪に対する「見方・考え方」が変わったと言うこともできるでしょう。『わらぐつの中の神様』は、中心人物マサエの、モノに対する「見方・考え方」が変わり、そこから、家族に対する「見方・考え方」が変わったと捉えることができます。さらに、6年生の『海の命』では、太一の生き方が変わった物語であると言うことができるわけです。学年の発達に応じて、物語作品の中で変わるもののスケールが大きくなっていることがわかるでしょう。物語の中で変わるのは気持ちだけではないのです。このことを認識しておくと、物語の授業で「気持ち」だけを問うような学習展開はなくなるはずです。

このように、教師の教材研究の段階で、「この作品は何が、どのように変わるのか」ということをしっかりと分析しておくことが必要です。そのうえで、**「いつ変わったのか」「なぜ変わったのか」を教師自身の読みとしてもっていることが必要**です。教師自身が、こうした読みをもつことが「教材研究した」ことなのです。教材研究とは、指導書を読むことや、インターネットで過去の主な実践を集めることとイコールにはならないのです。研究授業の前には、教科書の教材文を自分で書き写し、そこに自分の解釈を書き込んでいくような、教師自身の努力が必要でしょう。

子どもの足腰を鍛える

物語文の授業に限らず、国語の授業をするためには、子どもの足腰を鍛えておく日常の取組が大切です。それは例えば、歯切れのよい、よく通る声で音読できることとか、書くことを面倒だと思わずに、自分の考えや板書などを短時間にメモできることとか、必要に応じて、隣近所の仲間とすぐに対話することができること、などがあげられます。

子どもの活発な話し合いやプレゼンテーションなどのパフォーマンスは、一見派手で目を奪われがちですが、そうしたパフォーマンスを支える基礎的な言語活動能力こそ、他の教科でも生かすことのできる、「学びを支える力」となります。

子どもの足腰は、日々の地道な活動の積み重ねによって鍛えられます。**低学年のうちから、学年の早い段階で取り組み、しっかりと着実に育てておきたい**ものです。

もくじ

序章　物語文の授業技術を磨くために

第1章　単元構想の技術

第2章 発問の技術

第3章 板書の技術

第4章　教材・教具活用の技術

第5章 音読指導の技術

第6章 発表指導の技術

第7章 話し合い指導の技術

第8章 ノート指導の技術

第９章　評価の技術

第1章 単元構想の技術

Chapter 1

どんな「言葉の力」を獲得させるのかを明確にする

一編の物語があります。

それは、当たり前ですが、子どもたちに新たな「言葉の力」を獲得させるための学習材です。

私は、どうすれば、その物語で言葉の力をはぐくむことができるかに思い悩み、一連の言語活動を組織し、国語科の単元を構想します。

単元構想の基盤となるのは、繰り返して「言葉の力」の育成です。

たとえ、どんなに子どもたちが生き生きと楽しそうに学習を展開しようが、その活動を通して、新たな「言葉の力」の確かな獲得がなければ、国語科単元とは呼べません。それは、単なる「楽しい活動」でしかないのです。

最近まで、「単元を貫く言語活動」という国語科単元づくりの方法論が国語教室現場を席巻していました。

けれども、今、そのことをだれも話題にしません。

活動あって、学びなし。

単元を通して育成すべき「言葉の力」が曖昧な実践がはびこってしまったことが、その衰退の要因であると言えるでしょう。

惜しいことです。

「単元を貫く言語活動」の目指す方向性は、２０２０年から完全実施される新しい学習指導要領の「主体的・対話的で深い学び」と根本的に変わらないと私は捉えています。

「クライマックス」となる1時間を想定する

国語科単元は、「言葉の力」の育成が基盤であると述べました。

しかし、単なる「言葉の力」の教え込みなら、効率的に言語活動を展開する授業を積み重ねればよいでしょう。教師の発問課題を中心に、読解練習プリントを毎時間与え続ければ、テスト学力はついていくはずです。しかし、そうして獲得した力は、彼らの「生きる言葉の力」とはなりません。**読むこと、書くこと、話し聞き伝え合うことのおもしろさ（同時に、困難さ）を学ぶことを通して、言葉の力は彼らの真の力となる**のです。

たった「1時間の授業」を核として、十数時間の単元の流れをあれこれと思いめぐらす。その際、いつも私の脳裏には、その1時間での教え子たちの姿があります。あの子はどんな反応を示すか、あの子はどんな表情をするのか。その構想の過程は、山場の場面を中心とした、一編の「ドラマ」を創造する営みと、きっと同じです。

事例解説『世界一美しいぼくの村』

『2つの「世界一美しいぼくの村」』の実践はそんな私の思いから構想した単元です。4年生の東京書籍版国語教科書の下巻に、一編の物語が掲載されています。小林豊の『世界一美しいぼくの村』。

数十年に及ぶ内戦時代のアフガニスタンに生きる少年「ヤモ」の一日を描いたこの作品には、大きな事件と言えるような出来事は起こりません。ただ、作品全体の至るところに戦争のにおいを感じさせる表現が伏線として置かれ、読者は先の展開に、ある種の不安を抱きながら読み進めることになります。

けれども、終末場面の村に戻ったヤモの様子に健気さと微笑ましさを感じ、ヤモの「春」を待つ心に共感しながら、「でも、春はまだ先です」の一文を読みます。大人の私でさえ、そのような読みをします。まして4年生の子どもたちは、ヤモの様々な心の動きに深く同化するでしょう。

教科書では、「でも、春はまだ先です」の後、ページをめくって、最後の場面が描かれています。たった1行だけの最後の場面。

「その年の冬、村は戦争ではかいされ、今はもうありません」

たった1行のわずかな言葉が、それまでの作品全体の読みを覆す。作品の心（主題）さえも根本から変わる。この物語は、そんな文学作品を読むことの「おもしろさ」（文学的感動）を体験する、実に優れた学習材性をもちます。

４年生の子どもたちとこの『世界一美しいぼくの村』を読み込む。物語を自ら読み進める「自力読みの観点」を獲得すること。「語り」（相手意識を重視した音声表現）の方法を学ぶこと。これらを学習目標として設定するとともに、私は、ある「1時間授業」を強く意識した、ドラマある国語単元を構想しました。

単元導入の1時間目、子どもたちに『世界一美しいぼくの村』を印刷したプリントを配りました。

そのプリントに載せた物語は、「でも、春はまだ先です」で完結します。**最後の「その年の冬、村は戦争ではかいされ、今はもうありません」の一文を伏せた**のです。

まだ下巻の教科書が手元にない子どもたちは、この「最後の一文」が存在しない作品を、1つ目の『世界一美しいぼくの村』として読みます。

単元の学習は、その後、読解と対話と語りという様々な言語活動を展開しながら続いていきます。そして、1つ目の『世界一美しいぼくの村』の「作品の心」（主題＝作品が読者である自分に最も強く語りかけてきたこと）をそれぞれがまとめる段階までできました。

ある子は、自分の作品の心を「不安とうれしさの先に希望がある」と捉えました。繰り返しますが、それまでの十数時間、すべての学習は、「最後の一文」のない『世界一美しいぼくの村』を対象としています。

そして単元終末の「1時間の授業」。

授業が半ばを過ぎたとき、私は子どもたちにこう話しました。

「実は、小林豊さんの創った『世界一美しいぼくの村』には、この続きがあります。1ページに、たった1つの場面が描かれています」

B4判の中央に、最後の一文をぽつんと載せたプリントを配付しました。

プリントを読む子どもたちは、だれもひと言も発しませんでした。

いつもは賑やかなまでに反応する教室空間にシーンとした静寂のみが漂いました。

そんな子どもたちに、「破壊されたものは何か」と尋ねると、ある子は「ヤモの心」と答え、ある子は「家族のつながり」と答えました。

単元の最終段階に「夢」を設定する

数時間、ときには十数時間を超える国語科単元。そのすべての授業は、教師である私が設定した、育成すべき「言葉の力」、すなわち単元の指導目標によって展開されます。

では、学習者である子どもは？

今、何のために読んでいるのか。何のために書いているのか。話し合っているのか。考えているのか。

その自分の学びの意味、意義を自覚できたとき、子どもたちの学習目標と、教師の指導目標が融合します。

そして、確かな「言葉の力」を獲得できるのです。

だからこそ、**単元最終段階のゴールを明確にし、教師と子ども一緒に「夢」を抱きましょう。自分の教え子たちなら、きっと目を輝かせるような「夢」を。**

事例解説

単元「宮沢賢治の宇宙」

小学校国語教室で、どうしても出会いをさせたいと考えている作家が2人います。1人は「新美南吉」、そしてもう1人が「宮沢賢治」です。

この2人の作品群は、やや誇張して言えば、日本の「言葉の文化遺産」とも評価できるでしょう。

実際、すべての小学校国語教科書が両者の何らかの作品を掲載しています。東京書籍版の5年教科書には、宮沢賢治の『注文の多い料理店』が載っています。その巧妙な言葉のしかけは賢治の代表作にふさわしい作品です。子どもたちはこの『注文の多い料理店』によって、宮沢賢治に出会います。

ただ、教科書掲載のたった1つの作品で、賢治作品とのせっかくの出会いを終わらせるのはもったいない。

おそらく、子どもたちはこれから先の人生の様々な場面で宮沢賢治に触れることでしょうが、しっかりと作品と向き合い、仲間とともに読み合い、学び合うことはきっとないに違いありません。

たくさんの賢治作品を読む、その多読の読書体験の過程で、自分らしく「宮沢賢治の作品世界」を創造してほしい。そして、その作品群の中から、一編でもいい、自分の大好きな「私の賢治作品」を得られることを11歳の子どもたちに願います。

そんな教師としての願いから、学習材として『宮沢賢治童話大全』(講談社スーパー文庫)を用意しました。この本は、400ページを越える大冊であり、『注文の多い料理店』はもちろんのこと、『銀河鉄道の夜』『風の又三郎』など、賢治の代表作品64編が網羅されています。

余談ですが、この本は子どもたちの自費で購入しました。よく彼らに話します。

「本は一生の財産。価値ある本はお金を出してでも自分の本棚に並べなさい」

この宮沢賢治単元は2月に実施したため、子どもたちには正月のお年玉があります。保護者に頼んで本を購入する代金をお年玉から準備しておいてもらいました。自分のお金で買っただけに、きっと本に対する意識が違います。

この『宮沢賢治童話大全』を1か月に及ぶ単元全体を通して、子どもたちはいつも手元に置き、読み進めることになります。

単元の「夢」の設定と共有

単元第1時で、教科書掲載作品『注文の多い料理店』を全員で読み合い、簡単な感想の交流をした後、子どもたちに次のように話します。このときにはすでに『宮沢賢治童話大全』は手元に配付されています。

今日から、新しい単元「宮沢賢治の宇宙」の学習に入ります。今、みんなで読んだように、宮沢賢治の作品はどれも実におもしろい。読む人に強い読後の感想を与えてくれるものばかりです。
みんなが持っている『宮沢賢治童話大全』には、賢治作品が64編載っています。賢治の代表作の全部と言ってよいでしょう。これからの学習でぜひ全作品を読んでほしい。そして、たくさんのお気に入りの作品に出会ってほしい。
単元の最終段階では、40人それぞれが64編の中から「私の賢治作品―MYベスト賢治作品」を一編選び、その作品世界を2つの方法で表現することにします。1つは、

ＭＹ賢治作品の「作品の星座」、もう１つはＭＹベスト賢治作品のクライマックス場面の「語り」です。

　自分の選んだ最も好きな賢治作品の、５年生にふさわしい「作品の星座」を作成するために、自分らしいクライマックス場面の「語り」をするために、今日から学習を進めていこう。


学習者である子どもたちにとっては、単元最終段階での選択学習を自らの力で質の高いレベルで展開するために、それまでの学習がどうしても必要となります。

子どもが必要感をもって学習に参加するとき、はじめて主体的な国語科授業が成立します。

何のために読むのか、書くのか、話し合うのか。

その学習の必然性を子どもたち自身が意識しないで言葉の活動が展開されるとき、単元全体を支えるエネルギーは生まれません。だから、教室空間を「やらされている学習」という虚しさが支配します。

さらに子どもたちに話します。単元の「ゴール」についてです。「夢」と呼んでもいいかもしれません。

40人全員がMYベスト賢治作品の「作品の星座」を完成し、クライマックス場面の「語り」を完成させたとき、みんなで賢治の故郷へ行こう。そこにある「童話村」と「宮沢賢治記念館」で、賢治に会いに訪問してくるお客さんに自分の「語り」を聞いてもらおう。

実は1年前の４年生のとき、彼らは『新美南吉の作品世界』という単元を学習し、そのゴールとして南吉の故郷・愛知県半田へ旅するという体験をしてきました。日帰りの慌ただしい日程でしたが、40人全員で新幹線に乗り、半田の南吉の母校である岩滑小学校と交流したり、記念館の館長さんに「作品の星座」集を受け取ってもらったり、南吉のお墓にお参りしたり、という充実した一日を過ごしました。彼らの「作品の星座」集は、今でも記念館の図書室に保管・展示されています。

その1年前の体験から、子どもたちは単元スタート時にすでに、勝手に「夢」を描いていました。いつかみんなで東北新幹線に乗り、岩手県の花巻を訪れること。そして、賢治の作品をその故郷の地で語ること。

もちろん、単元開始前に私なりの準備をしていました。

学校の管理職の許可をもらうこと、旅行会社に詳細なスケジュールの立案を依頼すること、保護者の理解と当日の数名の引率を依頼すること、そして、花巻を訪れ事前に下見し、童話村や記念館に活動の許可をもらうこと。当たり前ですが、これらをクリアせずして単元は始められません。

言葉の学習とは、本来、地味な活動です。他教科と比べてみればよくわかります。国語授業には道具がいりません。絵の具もないし、楽器もない。体を動かすわけでもないし、実験や校外活動があるわけでもない。国語教室で扱うのは「言葉」だけ。

だから、なおのこと思います。

国語教室にはもっと「夢」があっていい。

宮沢賢治の故郷・花巻に行って、賢治作品を語りを賢治を愛する人たちに聞いてもらう。

そんな「夢」を抱き、単元の学習は展開していきます。

単元の終結・花巻への「夢の旅」

子どもたちは、単元第1次段階から『宮沢賢治童話大全』を手にし、そこに所収された64編を自由に選んでは多読してきました。

この発展学習の段階で、読了した作品群のうち、自分の最も好きな作品を一編、MY賢治作品として選択します。

そして、まずその作品を再読し、「作品の星座」づくりに取り組みます。この際、仲間の力を一切借りず、自分だけの力で作品を読み進めます。

ここで、第2次における『よだかの星』の集団共通学習の成果が問われます。獲得した自力読みの観点を駆使して、40人のそれぞれが、40編の作品の「客観編」と「作品の心編」の星座を完成することに挑みます。

さらに、彼らはそのMY賢治作品のクライマックス場面を明確にして、その場面の「語り」に挑戦します。ここでも、だれも力を貸してくれません。自分の力だけで、作品の言葉を詳細に検討し、場面の様子を想像し、人物の心情を想像して、最も適切な語りにまで高めるために練習を重ねていきます。

教師である私は、アドバイス役に徹します。例えば、『グスコーブドリの伝記』を選択した子どもが、そのクライマックスについて悩んで相談に来たら、私の意見を述べてあげる。例えば、その事件のまとめ方が不十分であれば指摘してあげる。読み間違いを批正してあげる。したがって教師は、子どもたちが選択した40作品についての学習材研究を事前にしておく必要があります。そうでなければ、選択学習は成立しません。

5年生が終わろうとする3月下旬、私たちは東北新幹線に乗りました。目指す目的地は、宮沢賢治の故郷・花巻。賢治を愛する人たちが、賢治の生まれ育ち、そしてたくさんの作品を遺したその街の、「童話村」や「宮沢賢治記念館」を訪れます。子どもたちは、その童話村と賢治記念館で、訪問するお客さんにMY賢治作品の「語り」を聞いてもらうという「夢」を抱き、そのために学習を積み重ねてきました。いよいよその「夢」の実現の時がきたのです。

東京から3時間、到着した花巻はまだ早春、白い雪が残っています。私たちは早速、童話村へと歩いて向かいます。途中、雪が降ってきます。東京育ちの彼らは興奮しながらも寒さに震えました。

童話村の係の方にあいさつをした後、語りを聞いてもらうために一斉に広場に散らばります。まだ観光シーズンには時節が早いためか、訪問客は日曜日なのに少ない。けれども、子どもたちは必死です。このときのために、今までの学習のすべてがあったのだから。

彼らは、一生懸命に自分の最も好きな賢治作品のクライマックス場面を語って聞いてもらいました。そして、だれもが彼らの精一杯の自己表現をほめてくれました。聞いてくれた方からは、サインをしてもらっていました。

昼食を食べた後、また歩いて宮沢賢治記念館に向かいます。到着すると、ちょうどPTA旅行の6年生たちがたくさん入り口のところにいました。宮城県の小学校の親子でした。チャンスだ。子どもたちは「語り」を聞いてくださいと頼みます。快く了承していただきました。

記念館の入り口近くに、「よだかの星」の記念碑が立っていました。星に向かって飛び上がるよだかの姿を描いています。子どもたちは、その記念碑の前で記念写真を撮りました。長く続いた宮沢賢治単元のゴールでした。

「夢」の旅

決して忘れない。
旅をして見つけた「賢治の世界」を。

童話村に着いた。そこには、たくさんの自然とたくさんのファンタジーがあった。賢治の作品には花巻の自然を生かしたものが多く、その中で伝えたいことが、童話村に建物として建っていた。

賢治のありのままの思いをテーマ別の世界に分け、イメージを表現している。どれも自然の中でしかできない空想だ。銀河ステーションの下をくぐるとき、夜ここに汽車が来るのだと思うとわくわくした。賢治の世界に行ってみたくなった。

童話村と記念館でＭＹ作品『おきなぐさ』と『よだかの星』を語った。私のイメージが賢治の伝えたいものかどうかはわからない。けれど、聞いてくれた人達が拍手をしてくれた瞬間、私は賢治の世界を本当に知ることができたような気がした。

賢治はなぜ考えられるのだろうか？　他のだれも思いつかないような不思議な世界を。それは、賢治が自然を愛しているからだと思う。東京と比べると、賢治の故郷は自然が多い。すべて自然があってこそ書ける作品なのだ。

白鳥が二羽、花巻の空を横切った。

宮沢賢治の頃と変わらない自然が、今、ここにある。

私の国語教室。そんな夢追う単元。

2年生の子どもたちと、上野動物園で、はじめて出会う人たちを相手に「動物博士」になって大好きな動物の解説をする単元を実践しました。

池袋のサンシャイン水族館では、「海の生き物博士」になりました。

この動物園や水族館でのわずか数時間の「夢」の実現のために、子どもたちは、学習材となる説明文を読解し、説明文を書き、そして音声表現の学習を自らの意志で展開しました。

3年生の子どもたちと、『ハリー・ポッターと賢者の石』を学習材に、長編文学作品単元に挑みました。あらすじをまとめ、人物関係図を作成しました。そして、単元最終段階で、都内の映画館に全員で行き、観客相手に『賢者の石』のあらすじを説明し、最も好きな場面を語りました。十数時間に及ぶ単元の「夢」の実現でした。

単元「宮沢賢治の宇宙」全体構想

第1次　単元の導入（「夢」の設定）

宮沢賢治の「注文の多い料理店」(東京書籍5年下)を読み、その作品の面白さをみんなで確認し合った後、賢治の64作品所収の『宮沢賢治童話大全』(講談社)を配布する(正月のお年玉で購入)。

岩手県花巻市を新幹線に乗って訪問し、宮沢賢治記念館や童話村にて、賢治作品の「語り」を訪問客に聞いてもらうという夢を伝える。そのためには、「語り」を究めなければならない。そして、そのためには、自分の選択した作品を自分の力で読み進め、クライマックス場面を検討し、設定や出来事を把握し、人物の変容を読み取り、「作品の心」をまとめなければならない。

その力を獲得するために、作品「よだかの星」を中心学習材として、全員で深く深く読み取る学習が不可欠となる。

第2次　中心学習材「よだかの星」の学習

1．作品の「全体構造」を捉える。　＜2時間＞

（1）作品全体を小さな場面に分ける。

○「時」「場」「人物」の設定を手掛かりに。

（2）作品全体を「4つの基本場面」と「6つの点」で捉える。

①「大きな設定場面」（前ばなし）－①「冒頭」
②「出来事の展開場面」　－②「出来事の始まり」
③「クライマックス場面」　－③「クライマックス場面の始まり」
　④「クライマックス」
　⑤「出来事の終わり」
④「その後場面」（後ばなし）　－⑥「結び」

（3）作品全体を1本の線（構造曲線）で表現する。

＊本作品「よだかの星」は、典型的な「基本4場面」の構成をとる。
＊「出来事の展開場面」が5つの小さな場面に分かれる。（8つの場面）

2．作品の「あらすじ」をまとめる。　＜1時間＞

○8つの小さな場面それぞれを一文で書き表す。
①時・場・人物（したこと・思ったこと）の重要語句を読み落とさない。
②余計な言葉を省き、なるべく短い一文でまとめる。
③「大きな設定場面」と「クライマックス場面」は、2文でも可。

3．出来事の展開に即し、「人物・時・場」の設定をまとめる。　＜2時間＞

4．話題を設定し、「対話」活動通して自らの読みをもつ。　＜4時間＞

◎核となる話題（クライマックス場面における、最も重要な話題）
「よだかのほほえみの意味－最後に、よだかは何故ほほえんだのか」
＜＊本時の学習＞
○重要話題（核となる話題で読みをもつため、必要となる重要な話題）
①「よだかは、何故、名前を変えたくなかったのか」
②「よだかが、お日様や星たちに、連れてって下さいと頼んだ理由」

5．「作品の心」（自分に最も強く語りかけてきたこと）を短く表現する。　＜1時間＞

6．クライマックス場面を「語り」で表現する。　＜2時間＞

7．学習のまとめとして、「作品の星座」を作成する。　＜3時間＞

「語り」の学習

（1）語りの「4つの観点」をもとに、語りをする。
①「視線」－複数の聞き手を意識。場面の様子を表現。
②「表情」－人物の心情・場面の空気により、表情を工夫。
③「速さ」－場面に応じ語る速さを工夫。特に「間(ま)」
④「音量」－場面に応じ声の大きさを工夫。特に「会話文」

（2）仲間と語りを聞き合い、アドバイスをし合う。
①「4つの観点」をもとに、仲間の語りの改善点を話す。
②言葉を選び、一つほめて一つアドバイスをする姿勢で。

○単元途中から「クライマックス場面」の語りを開始。

「対話」の活動

（1）「対話」活動の基本的な流れ
①「話題の把握」－一人一人が話題を確認する。
②「心内対話」－文章と心の中で対話し、自分の考えをつくる。一人読みの段階。
③「ペア対話」－隣席の仲間と二人で考えを伝え合う。「目」で伝え「目」で反応を示しながら聞く。
④「全体対話」－40人の仲間と「目」で話し、伝え合う。
⑤「個のまとめ」－話題について、自分の考えをまとめる。

（2）「ペア対話」の3つの条件
①話したいことを短く区切って、交互に話す。
②聞いていることを態度で示す。(うなずき・微笑むなど)
③沈黙の時間をつくらない。対話を続ける努力をする。

「作品の星座」の作成

○本作品の「自力読み」学習のまとめ段階として、「作品の星座」の作成を位置づける。「客観編」が中心となる。
○彼らは本単元で、「主観編」作成の学習に入り、卒業段階で自らの力で「作品の星座」を完成させる。

第3次　自己選択作品の自力学習

1．中心学習材「よだかの星」で学んだ「自力読みの観点」を駆使して読む。　＜4時間＞

(1)作品の「全体構造」を捉える。(クライマックス場面の把握)
(2)作品の「あらすじ」をまとめる。
(3)作品の「人物」・「時」・「場」の設定をまとめる。
(4)作品の「核となる話題」を設定し、心内対話によって自らの読みをもつ。
(5)「作品の心」(自分に最も強く語りかけてきたこと)を自分の言葉で短く表現する。

2．クライマックス場面を精一杯の工夫で「語り」をする。　＜2時間＞

第4次　「夢」の旅－賢治の故郷・花巻へ－

「夢」の実現－岩手県花巻市を新幹線に乗って訪問し、宮沢賢治記念館や童話村にて、賢治作品の「語り」を訪問客に聞いてもらう。

第2章 発問の技術

Chapter2

大きな発問と小さな発問で単元の柱を立てる

これからの時代に求められる主体的・対話的な授業では、「何を教えるか」から「何を考えさせるか」に重点を置く必要があります。そのためには、子どもに考えさせたい主発問から単元を構想していくことが鍵になります。物語を読み解く中心となるこの発問を**「オンリーワンの発問」**と呼ぶことにします。

これは、次の3つの視点から考えるとよいでしょう。

〈視点①〉教師が感じた作品のおもしろさ（作品の心）に直結しているか

物語の授業を行おうとする教師自身が感じた作品のおもしろさ、心を動かされた理由を言語化し、意図をもって発問に込めます。

〈視点②〉物語の山場における中心人物の変容と関連しているか

物語が最も大きく動くクライマックス場面で、中心人物の「何が」「なぜ」「どのように」変わったのかを考えさせることで導き出せる、大きなテーマを扱います。

〈視点③〉 1つの正解ではなく、子どもたち相互の納得解につながるか

明らかに正解が1つしかない問いであっても、「みんな違ってみんないい」で終わる問いでも、読みは深まりません。とことん話し合いたくなる発問を考えます。

オンリーワンの発問は、読みの根幹に当たる大きなものなので、いきなり問われても簡単に答えは出せません。そこで、解決の足がかりになる3つの小さな発問を設定します。

① 「何が」変わったのかを問う（「設定」場面の読みにつなげる）
② 「なぜ」変わったのかを問う（「展開」場面の読みにつなげる）
③ 「どのように」変わったのかを問う（「結末」場面の読みにつなげる）

これらの発問を設定することで、作業的になりがちな場面ごとの読みを、子どもが主体的に取り組むものへと変えていくことができます。

事例解説①『モチモチの木』

「モチモチの木」(3年)には、じさまの与える惜しみない愛情やモチモチの木の幻想的な美しさなど、魅力的な設定や描写が数多くあります。その中で私が最も強く心を動かされるのは、中心人物豆太が勇気を絞り出す健気な姿です。そのおもしろさをひと言で表すと〈視点①〉「弱虫の一撃」となります。

次に、クライマックス場面では〈視点②〉「おくびょうな豆太が」「じさまを助けようとがんばったことで」「勇気のある子どもに」変わったと読むことができます。ただし、本当にがらりと変わったとは言い切れない終わり方も、この作品のおもしろさです。最後に、子どもの納得解へとつながるトピックは〈視点③〉「豆太の行動は本当に勇気によるものと言えるのか?」「豆太は本当に勇気のある子どもに変わったのか?」などが考えられます。

これらの視点を基に私が立てたオンリーワンの発問はこれです。

「豆太が見たモチモチの木の灯は、じさまやおとうが見たものと同じなのかな?」

この発問を単元の最初に投げかけても、子どもは浅い読みと不確定な根拠しかあげられないでしょう。そこで、はっきりとした答えを導き出すためには、それぞれの場面を読み、次のような小さな問いを明らかにしなければならないことを確認します。

①普段の豆太はどんな子どもなの？　じさまやモチモチの木をどう思っているの？
最初の人物像をしっかりと読み取らないと、何が変わったかに気づくことができない。

②豆太はどうして霜月二十日の晩に勇気ある行動をすることができたの？
普段の豆太とじさまの関係を捉えておかないと、勇気ある行動の理由がわからない。

③あんなにすごいことをした後なのに、豆太はおくびょうなままなの？
最後のじさまに甘える姿と、じさまの言葉の意味を捉えないと、変容が読めない。

ここから、豆太が見たモチモチの木の灯はじさまやおとうが見たものと①同じ（豆太にはもともと勇気の基となるやさしさがあり、気づいていなかっただけだから）②違う（いざというとき無我夢中でがんばっただけから状況が異なる）と意見は異なっても、豆太の思いやがんばりを山の神様が認めたのだろうという納得解に導くことができるでしょう。

▼▼▼事例解説②『海のいのち』

6年生の教材『海のいのち』は、小学校で学ぶ物語の読みの総決算とも言える骨太な作品です。どれだけ教材研究をしても次々に魅力があふれてきます。その中で私が何度読んでも感動するのは、中心人物太一が葛藤の末自らの心に折り合いをつける場面です。そのおもしろさをひと言で表すと〈視点①〉「本当の一人前への通過儀礼」となります。

次に、クライマックス場面は〈視点②〉「父の幻を追い続ける太一が」「自らの思いと海の理との間に折り合いをつけたことで」「真の村一番の漁師に」変わったと読むことができます。

最後に、子どもの納得解へとつながるトピックは〈視点③〉「太一はなぜ瀬の主に銛を刺すことをやめたのか」「村一番の漁師と本当の一人前の漁師は何が違うのか」などが考えられます。

これらの視点を基に私が立てたオンリーワンの発問はこれです。

「太一は、瀬の主と向かい合ったとき、何と何の間で揺れ動いていたのだろう?」

「殺すか殺さないかの間で」と多くの子どもは答えるでしょうが、なぜそこまで悩むのかを考えるには、起きた出来事と太一の心情とを読み直さなければなりません。そこで、次のような小さな問いを解決した後、もう一度読んでみることを提案します。

①太一が幼いころから思い描いていた「夢」とは何？

死んだ父親の姿を追っていたことを捉えないと、単なる復讐劇になってしまう。

②父の言動と与吉じいさの教えに共通するのはどのようなこと？

先達の漁師が守ってきた理の意味がわからないと、瀬の主が「海の命」だと思えない。

③太一にとって「村一番の漁師」「一人前の漁師」とは何？

瀬の主と出会う前と後で、太一の内面がどう変わったのかを押さえる必要がある。

これらの読みの果てに、太一が葛藤していたのは「千匹に一匹の魚として、瀬の主に銛を刺す一人前の漁師」と「海で生きるすべての命の理を守る村一番の漁師」との間であったことを共有します。そのうえで太一の選択をどう思うか、自分ならどうするか、互いの意見に耳を傾けて納得し合う場を設けていけば、必ず読みは深まります。

3つの切り返しで個人の固定化した読みを揺さぶる

日常的な読書で、あらましを中心に物語を読んでいる子どもにとって、国語の授業で同じ教材文を何度も読み返すのは、相当面倒な活動に思われがちです。しかし、場面と場面、人物の心情と行動、出来事の原因と結果といったつながりを丁寧に読ませるためには、「もう読めてるもん！」と固定化している子どもの読みを揺さぶっていかなければなりません。

そのための強力なツールが**「深める」「埋める」「引き寄せる」ための、3つの切り返しの発問**です。

〈切り返し①〉読みを「深める」ための吟味型発問

人物の言動や物語の設定、展開のさせ方など、子どもがさらっと読んでわかったつもりになっている点を深める、批判的な読み返しを促します。

例「本当にそう言えるのかな?」「他の視点から見てもそうかな?」「この言動でよかったのかな?」

〈切り返し②〉読みを「埋める」ための創造型発問

書かれてある叙述を基に、書かれていない部分を想像して埋めていく読み返しを促します。

例「もしこの物語に続きがあったら?」「書かれていない間に、何があったのかな?」「他の方法はなかったのかな?」

〈切り返し③〉読みを「引き寄せる」ための共感型発問

物語中の人物から自分へと立ち位置を引き寄せ、自分事とする読み返しを促します。

例「自分がその立場だったらどうする?」「今まで、似たような経験をしたことはある?」

▼▼▼事例解説①『ごんぎつね』

『ごんぎつね』（4年）で、兵十のおっかあの葬式を見たごんが、その晩穴の中で考えを巡らせる場面です。ほとんどの子が「ごんが考えたことはその通りだ」「兵十のおっかあはうなぎが食べたいと思いながら死んだのだ」と素直に読み取ります。しかしここはごんの行動が変わり始めるきっかけであり、ごんの人物像を捉えるうえでもとても大切な場面です。そこで、読みを深めるために、次のような切り返しの発問をします。

「ごんの考えたことは、どこまでが事実で、どこからが想像ですか？」〈切り返し①〉

こう聞かれた子どもは、次のように叙述を吟味していきます。

①ごんが兵十の捕まえたうなぎを盗んだのは事実。
②兵十のおっかあがとこについていたかはわからない。
③兵十のおっかあが「うなぎが食べたい」と思いながら死んだのは想像。

このような事実関係の吟味と、「ちがいない」「だから」「だろう」といった論理的な言葉の使い方から、ごんがとても賢いということ、そして賢いからこそ推論に推論を重ねて「自分が兵十のおっかあを苦しめた」という結論を導き出したということに気づかせていきます。

しかし、このままでは「ごんは賢いから考えすぎたのだ」という作品外からの理解に留まります。そこで、より自分自身に引き寄せて考えさせるため、次のように発問します。

「あなたがごんだったら葬式の兵十の姿を見たときどう感じますか?」〈切り返し③〉

こう聞かれた子どもは、一瞬言葉を失うでしょう。安易な言葉で答えるべきではないと感じるからです。そして「やっぱり自分を責めると思う」「ショックで何も考えられないかも」といった言葉を口にし始めるはずです。ここで大切なのは、そう考えた根拠を見つけるよう、教材文に返すことです。**「どの言葉からそう考えましたか?」**と問うことで、勝手な想像に陥らず、読解を深めることができます。ここでは「ごんが今日一日で見たことをじっくりと考えたのは、晩になって穴に帰ってからと書いてあります」「それぐらいショックだったのだと思います」という解釈が導き出されました。起こった出来事の関係を読み返したことで、ごんの人物像や思考の必然性まで読み深めることができたのです。

▼▼▼事例解説②『モチモチの木』

「モチモチの木」（3年）では、途中あれほどの勇気ある行動をとった豆太が、最後にやっぱりまた「じさまぁ」と夜中にしょんべんに起こす場面が描かれます。この部分を一読した子どもは、「なんだ、豆太は元の臆病者に戻ってしまったのか」と捉えがちです。しかし、物語のおもしろさを意味づけさせるためにも、最初の場面と何も変わっていないという読みは揺さぶっておく必要があります。

そこで、次のような切り返しの発問をします。

「あなたが豆太だったら、これからの夜はどうしますか？」〈切り返し③〉

多くの子どもが気恥ずかしさや強がりから「夜は一人でせっちんに行く」と言うことでしょう。しかし、その理由を問う中で「もうじさまに心配をかけたくないから」「勇気があることを証明するために」などと、これまで読んできたことと結びつけて考える言葉があれば、価値づけていくべきです。また、「じさまが元気になったら、甘えて一緒に行ってもらうかも」「今なら一人で行けるけど、５歳では無理かも」といった豆太の人物像に寄せた考え方も認めていくことで、最後の場面の豆太の行動への理解が深まるはずです。

さらに、子どもが十分に豆太の人物像を理解できたと捉えたら、読みを埋める次のような切り返しの発問をしていくことがおすすめです。


「豆太はこの後、どんな人になっていくだろうね」〈切り返し②〉

当然、この問いの答えは文中に書かれていません。しかし子どもは次のような答えを導き出すはずです。「きっとじさまやおとうのような、きもすけの猟師になると思う」「もしかしたら医者様になるのかも。普段は優しいんだけど、いざとなったら峠の上まで人を助けに行くような」「そうだね、そして自分の息子が５歳になった時、やっぱりモチモチの木の話をするんだよ」

これらは、いずれも物語で描かれた人物像や世界観から逸脱しない、妥当な読みです。それでも、想像に想像を重ねることがないよう**「どの言葉からそう考えましたか？」**という問い返しは必要です。これら、書かれたことを基に、書かれていないことを想像するような言語活動こそが、読みを深めていると言えるのではないでしょうか。

広げる発問と狭める発問で読みのリズムをつくる

物語の読みが主体的になればなるほど、どう受け止めるかは子ども一人ひとりに委ねられます。しかし、教材文を基にする限り、妥当と言えない読みも存在します。この両者のジレンマが「物語の授業は正解がないからやりにくい」という教師の声につながるのでしょう。ですから、**個の自由な解釈を求める「広げる」発問と、全体の共通理解を求める「狭める」発問**の両面から授業を構想する必要があります。この2つの発問が1時間の授業の「転」となり、変化のあるリズムを生み出すのです。

①相違点に目を向け、読みを「広げる」ための発問

より下位の、具体的な、細かい問いにしていくことで、子どもの解釈にずれを生み出し、そのずれを可視化していくことでさらに広げていくような発問です。

・根拠や理由を問う「なぜ？」
例「なぜごんは、こんなに村人から嫌われているのだろう」
・仮定や例を問う「もし～だったら？」「例えば？」
例「もし、ちいちゃんがお母さんたちとはぐれなかったら？」
・方法を問う「どうすれば？」
例「どうすればじんざは最後に死なずに済んだのだろう？」

②共通点に目を向け、読みを「狭める」ための発問

より上位の、抽象的な、塊の問いにしていくことで、子どもの解釈の重なる部分を見つけ出し、それを可視化していくことでさらに狭めていくような発問です。

・立ち位置を問う「どっち？」「一番なのは？」
例「ごんがしたいたずらで、一番ひどいのはどれ？」
・概念を問う「つまり？」
例「つまり一言でいうと、松井さんはどんな運転手さんなの？」「その共通点は？」

事例解説『スイミー』

『スイミー』（2年）の山場、大きな魚を追い払うために、スイミーが知恵を絞る場面。「スイミーは考えた。…うんと考えた」、ここをさらっと「いっぱい考えたんだね」と流してしまうと、子どもの読みは広がらず、最後の場面の感動も深まりません。
そこで、次のように子どもに問いかけます。

「『いろいろ』って例えばどんなこと？」

「『うんと』ってどのぐらい？」

大きな魚を追い払う方法は、教材文には他に書かれていません。ここでは一人ひとりの子どもがスイミーになりきり、あれこれ考えたことを共有することで、たくさんのアイデアが見えてきます。また、「うんと」の深さを子どもそれぞれに表現させることで、実感を伴う理解につながります。これらの思考過程を経て初めて、「スイミーは本当にいろいろ、うんと考えたんだなぁ」という読みの広がりが生まれるのです。

読みが広がったところで、そこから見えてくる作品のおもしろさに焦点を狭めていきます。

「なぜスイミーは大きな魚を追い払う方法を、『いろいろ』『うんと』考えたの?」

「どうしても追い払いたいから」「大きな魚が怖いから」といった反応が返ってくるでしょうが、**「隠れていれば安全だよ?」「またみんな食べられちゃうよ?」**といった赤い魚側に立った問い返しをすることで、「だって、自分が見た海のおもしろいものを見せたいんだもの」「もう兄弟たちが食べられるのは嫌だもの」といった、子どもの主観的な読みが加わった理由が出てきます。

そこでさらに読みを狭める発問をします。

「つまり、スイミーは大きな魚を追い払った後、どうしたいの?」

子どもは、これまでの読みを生かして答えをまとめるでしょう。それは、教材文には書かれていない子どもなりの「あとばなし」となります。一度広げた読みを収束するからこそ、最後に深まりが生まれるのです。

教師の発問から子どもの問いへと転化させる

教師は子どもが学びに興味・関心をもてるように、そして授業のねらいに向かうように、力を注いで発問を考えます。しかし、皮肉なことに、そういった研ぎ澄まされた発問が増えれば増えるほど、子どもは「今日の授業で先生はどんな課題を出してくれるのだろう」と受動的な態度になり、教師の働きかけがなければ動き出せなくなる子も出てきます。ですから、教師は、**子どもが自ら問いを見いだし「今日の授業ではこれを解いてみたい」と主体的に動き出すような、心をくすぐる発問**を考えていく必要もあるのです。

①子どもの言語感覚を揺さぶる発問をぶつける

子どもの言語感覚に訴えかける発問をすることにより、「おかしいぞ?」という疑問をもたせたり、「違うよ、それはね」と説明をさせたりします。

・「正誤」言葉の使い方が間違っている場合
例「『おとう』と言っているから、瀬の主は死んだ太一のおとうなんだね」
・「適否」言葉の使い方がふさわしくない場合
例「『世界一美しいぼくの村』の最後の一文は、ない方が美しくない？」
・「ニュアンス」言葉の使い方が個によって違う場合
例「『わらぐつの中の神様』と『雪げたの中の神様』ってどう違うの？」

②気づき・つぶやきを練り上げて問いにする

言語感覚を揺さぶられた子どもが表出した言葉を取り上げ、共有することで全体の問いにしていきます。

・これまでの学びとの関連性を取り上げる
例「おとうや与吉じいさの言葉と比べながら、太一の言葉の意味を考えていこう」
・自分と友だちとの意見の違いを取り上げる
例「最後の一文が、あった方が良いか悪いかに分かれて、理由を明らかにしよう」

▼▼▼事例解説『大造じいさんとガン』

授業が始まったら、まず黒板に大きく「ひきょうなやり方」と書きます。「あぁ、あの場面の言葉だ」という反応が出て、教科書やノートを広げるなど、どの場面かを確かめる姿がクラスに広がっていくでしょう。そんな、「先生は次に何を聞いてくるのだろう」と待ち構えている子どもに向けて、言葉の意味を問います。

「『ひきょう』ってどんなこと？」

「ずるい」「こそこそすること」といった子どもの声が出てくるはずです。漫画やアニメのキャラクターなどの例を出す子どももいるかもしれません。そこでこう聞きます。

「『ひきょうなやり方』ってどんな方法？」

ここで子どもの中に意見のずれが生まれます。

「おとりのガンを使うことじゃない？」

「いやそれは作戦なんだから、タニシを使うのと同じだよ」

「そもそも残雪は道具を使わないのに、大造じいさんは銃を使っている時点ですでにひきょうだよ」

「それは猟師なんだから仕方ないよ」

極端な意見が出始めると、とたんにクラス全体が学びに向かって動き出します。そこで子どもの意見を整理していくと、「ひきょうなやり方」の根拠となる大造じいさんの行動がいくつか見えてきます。そして、この場面ではそのどれかを指してひきょうと言っていることがわかります。

そこで、もう一歩進めた発問を子どもにぶつけます。

「この場面での、大造じいさんにとっての『ひきょうなやり方』はどれ?」

子どもは教科書やノートを見直したり、隣の友だちと話したりして、学びに向かってエンジンがかかった状態になります。こうなると「大造じいさんの考えるひきょうなやり方とは何だろう」という学習課題はすっと子どもの中に落ちていくのです。そして、子どもの問いを掘り起こす発問を重ねてきたことにより、この課題を学ぶ中で大造じいさんの変容に着目する子どもが必ず出てくるはずです。

傾聴と自己開示で発問を連続させる

どんなに優れた発問でも、単発の答えで解決するようでは、子どもの読みが深まることはありません。また、正解のみを取り上げるような教師の構えでも、やはり子どもの読みは深まらないでしょう。**発問した後は、しっかりと子どもの考えを受け止めて、それを広げたり深めたりしたうえで、自分の意見を真摯に話す。**そのような教師の前でこそ、子どもは自分の読みを話したがるのではないでしょうか。

では、具体的にどのような構えや働きかけが大切となるのでしょう。

①積極的な傾聴で発問を連続させる

発問に対する反応から、子どもの内面の動きを丁寧に見取り、深めたり広げたりする発問を返すことで、連続した思考になるようにします。

・子どもの答えを待ち、受け止める「構え」
例「おじさんがいいことをしたのか迷っているんだね。確かにどっちなんだろうね」
・個の思考を深める「問い返し」
例「なるほど。でもうそをつかなくても、ちいちゃんは助けられたんじゃない？」
・全体へ思考を広げる「つなぎ」
例「うそをついても命が助かる方が大事という意見について、みんなは賛成？ 反対？」

②自己開示しながら教師の読みを語る

子どもの意見が十分に高まった頃合いを見計らい、一読者としての教師の読みを語ることで「自分の解釈も間違いではないのだ」という肯定感を生みます。
・子どもが気づいていない、考慮に入れていない解釈を語る
例「おじさんはお母さんがいないと思っていたのに、いたからほっとしたのかもね」
・自分の経験や一般的な知識と関連させて語る
例「大勢の人が押し寄せる中、女の子が止まっていたら踏みつぶされてしまうよね」

▼▼▼事例解説『ちいちゃんのかげおくり』

山場の、ちいちゃんの命がまさに消えようとする場面を読んでいるときのことです。ほとんどの子どもは、空に見えた白い影は死んだ家族の幽霊だと捉えていました。しかしA子は「あれはまぼろしだよ。そう見えただけだよ」と別の意見を口にしました。この意見を深めて説得力をもたせようと、次のように問い返しました。

「ちいちゃんが見たまぼろしだと思うのは、どの言葉を、どう考えたからなの？」

教科書に書いてある言葉を抜き出すのは簡単ですが、それを自分がどう考えたかを説明するのは難しそうです。

そこで、A子が動き出すまで待つことにします。

「そうだね、難しい問いだから少し待ちますね。みなさんもちょっと考えてください」

まわりの子どもが教科書を読み直したり、友だちと意見を交わしたりしている間、じっと考えていたA子が少しずつ話し始めます。

「『暑いような寒いような』とか『ふらふらする足』って書いてあるでしょ。これって、インフルエンザみたいに身体がつらいってことだよ。だから、ふつうは見えないまぼろしを見たんじゃない？」

この意見に、まわりの子どもも様々な反応を見せます。

ここで子どもに立ち位置を決めさせる発問を投げかけます。

「ちいちゃんが見たのは家族のまぼろしか幽霊か。みんなはどちらの意見に賛成かな？」

様々な根拠が出され、双方とも十分に吟味が重ねられたところで、教師の意見を述べます。

「なるほど、どちらの読みもありだと思います。そのうえで私個人の意見としては…」

死にそうな状態であったため、普通ならば見えないまぼろしが見えたのであろう、それは、家族に会いたいというちいちゃんの願いが引き起こしたものだと話します。子どもたちはその言葉に納得しつつも、それぞれの意見をもって授業を終えました。

整理する問い返しで、学級全体を深い読みへといざなう

物語に対する表層的な意見が交わされ、「みんな違ってみんないい」で終わる読解の授業。そこから学級全体の読みをもう一段階深めるために必要な働きかけは何でしょう。それは、**一度まとまりかけた全体の読みをさらに掘り下げる、切れ味鋭い「問い返し」**です。言葉にした意見を大きく揺り動かされる問い返しを受けたときにはじめて、自分の読みを省み、壊し、補強し、再構成せざるを得ない状況が生まれます。そのために大切なのは、子どもの意見に応じて次の４つの対称関係を意識しながら問い返すことです。

①**「根拠」⟷「結論」**

（根拠）「なぜ、このさむらいがやさしい人物だと思うのですか？」

（結論）「つまり、このさむらいはどのような人物なのでしょうか？」

②**「具体」⬍「抽象」**
（具体）「例えば、神様が入っていそうな道具には何がありますか？」
（抽象）「要するに、神様が入っていそうな道具とは何ですか？」

③**「目的」⬍「手段」**
（目的）「そもそも、ごんがくりやきのこを届け始めたのはなぜでしたか？」
（手段）「ごんは、くりやきのこをどうやって届けていたのですか？」

④**「拡大」⬍「集中」**
（拡大）「そのほかに、大造じいさんが失敗した作戦はありますか？」
（集中）「その中で、大造じいさんが一番手ごたえを感じた作戦はどれですか？」

いずれも、子どもが出した意見の曖昧な部分を探り、授業のねらいを見据えて、深める方向や度合いを考えたうえで問い返すというプロセスがポイントになります。

▼▼▼事例解説①『一つの花』

クライマックスの場面で、お父さんが渡した「一つの花」のもつ意味を読み取ろうという授業でのことです。子どもたちは、ゆみ子が今まで「1つだけちょうだい」と口癖のように言っていたから、同じように「一つの花」をもらったのだと捉えていました。

そこで、一輪の花がもつ意味をもっと深めて考えさせようと、次のように問い返しました。

「そのほかに、ゆみ子が1つだけもらってきたものは何ですか?」（拡大）

「おにぎり」「おまんじゅう」「それはもらっていないよ」などの声が出て、4つの食べ物の名前が板書されました。

そこに花をつけ加えたうえで、次のように問い返します。

「その中で、ゆみ子が一番うれしかったものは何ですか?」（集中）

子どもの意見は大きく「おにぎり」と「花」に分かれます。しかし、おにぎりはたくさんもらっていること、花をもらったときにキャッキャッと喜んでいることから、「花」が一番うれしかったという意見にまとまりました。

そこでさらに次のように問い返します。

「なぜ、一つの花が一番うれしかったのでしょう？」（理由）

この質問にすぐ答えることのできる子どもは多くありませんでした。ペアで相談する時間を取ってから再度答えを求めます。

「今までもらってきたのは食べ物ばかりだったのに、はじめて違うものをもらったから」

「お腹がいっぱいになることが幸せだと思っていたけれど、きれいなものを見ても幸せになることに気づいたから」

といった意見が出されます。

「つまり、『一つの花』とは、ゆみ子にとって何なのでしょう？」（結論）

難しい問い返しでしたが、「幸せを表すもの」「平和のしるし」「満足すること」など、これまでの読みを生かして答えを導き出すことができました。

▼▼▼事例解説②『ごんぎつね』

物語の読解をしていると、子どもが人物に感情移入しすぎてしまい、明らかに教材文の記述から離れた想像をするときがあります。空中を飛び交う想像を言い合っていても議論がかみ合わないため、問い返しを用いて共通の根拠となる地上（教材文）へと戻しましょう。

例えば、『ごんぎつね』で、「引き合わない」と言った翌日もくりやきのこを持って行ったごんの行動を、兵十への嫌がらせだと捉える子どもが出た場合です。

「そもそも、ごんがくりやきのこを届け始めたのはなぜでしたか？」（目的）

「ごんは、くりやきのこをどこに、どうやって届けていたのですか？」（手段）

「どこに書いてありますか？」と直接聞くのではなく、目的と手段の問い返しをセットにして聞くことにより、子どもが自ら意見を見つめ直し、より妥当な答えを探すことにつながります。

第3章 板書の技術

Chapter3

叙述や挿絵を板書し読みを深め、広げる

叙述を板書することには、大きく2つの利点があります。

1つは、**読みを深めること**です。教材の内容をつかんだり、解釈をしたりしていく際、どこからそのように読み取ったのか共通理解していないと、子ども同士の意見がかみ合いません。反対に、意見の根拠としている叙述がお互いにわかり合っていれば、「私もそこから同じように思った」といった同意や「なるほど、その叙述からそんな読みができるんだ」といった共感が生まれたり、「えぇっ、その叙述からそんな読みをするのは変じゃないの？」といった反論や疑問が生まれたりしていきます。

意見を聞いて子どもたちに生まれた思いを「今の意見と同じように考えた人はいますか？」とか「今の意見に対して疑問や反対の意見がある人はいますか？」と尋ねて挙手をさせ、反応の分布を確認したうえで、「同じように考えた人は意見を出してください」と

いったようにして、意見を出させていくことで、互いの考えがかみ合っていきます。

そのために必要なことが、子どもの意見の根拠となる叙述を板書することです。

今の意見は何を基にしているのか、そして、これから出す意見は何を基にしているのかがしっかりと見えることによって、子どもたちの追究の芯ができます。

もう１つは、**読みを広げること**です。１つの叙述を板書し、そのときの場面の様子や、登場人物の心情を問います。

特に、教材のクライマックスなど、終末に近く盛り上がりのある箇所の叙述からは、様々なことを読み取ることができます。

これらの効果を上げていくために留意することが２つあります。

１つは、**複数の叙述を板書する際には教材の展開に沿って示すこと**です。物語の展開に沿うことで、子どもは考えやすくなります。

もう１つは、**意見を出させる場合には理由も言わせること**です。ただし、直接表現で気持ちが書かれているところについては、そうする必要はありません。

なお、低学年では、叙述に添えて挿絵を示すことも、場面の様子や登場人物の心情を考えていく際には大変効果的です。

事例解説『お手紙』

『お手紙』(2年)では、作品の終盤、がまくんとかえるくんが幸せな気持ちで、4日間お手紙を待っています。とても心温まる場面です。

そこで「がまくんとかえるくんはどんな会話をしていたのでしょう」という学習課題を立てます。

そして「かえるくんの手紙の『親友』を『友だち』に変えたときと比べてみましょう」といった見方・考え方の見通しをもたせます。

黒板には、「親友」「友だち」のそれぞれを板書し、教師が「親友」を入れた元の手紙、「友だち」に変えた手紙を音読し、子どもたちには、がまくんになってそれぞれから感じられるかえるくんの気持ちを感じるように指示します。

子どもたちにも同様に音読させた後、「親友」と「友だち」を比較してかえるくんの気持ちにどんな違いがあるのかを考えてノートに書くように指示します。

それぞれに意見がもてたところで、発表させていきます。

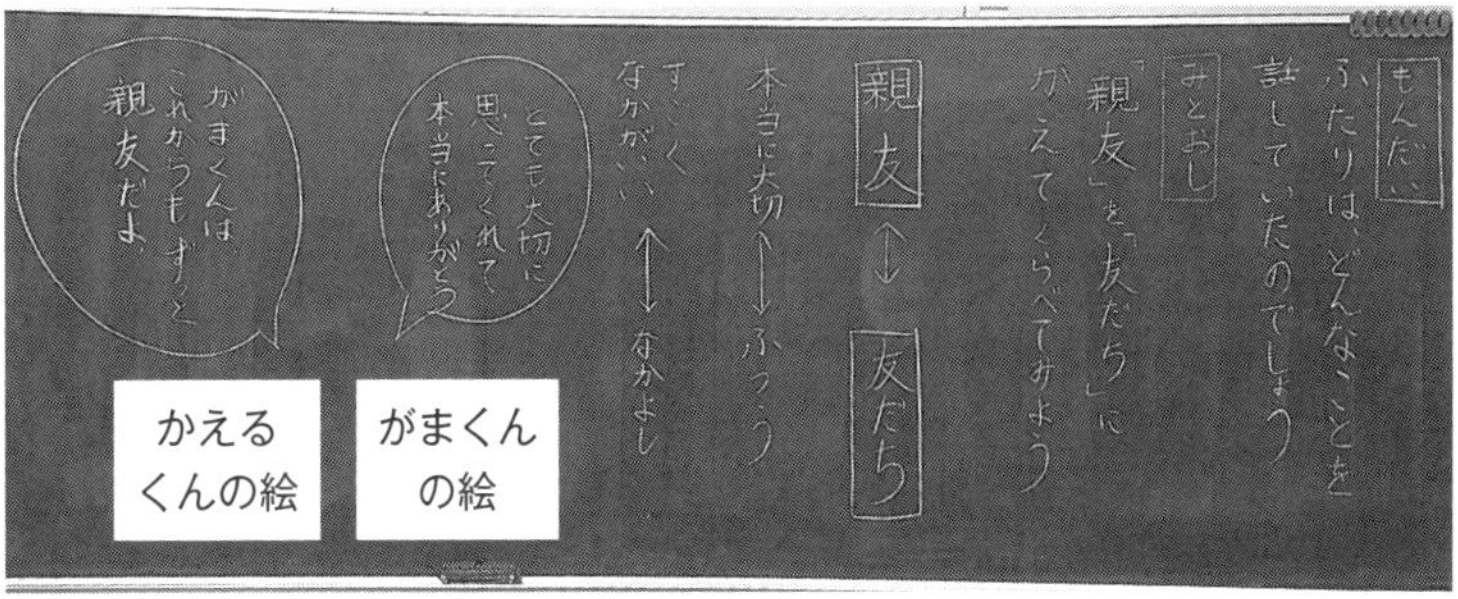

子どもからは「友だちだと普通だけど親友だとすごく大切に思われている」「親友だとすごく仲がいいと思われている」といった発言があります。これらの発言を「親友」「友だち」の横に板書し、両者の違いをはっきりさせていきます。子どもは「親友」と語ったかえるくんの気持ち、「親友」と言われたがまくんの気持ちを豊かに感じ取っていきます。

そのうえで、**がまくんとかえるくんが玄関で手紙を待っている様子の挿絵を拡大し吹き出しを添えたものを黒板に掲示し、がまくんとかえるくんの会話を考えさせていきます。**

その際、親友と友だちを比較して想像したかえるくんとがまくんの気持ちを基にして会話文をつくっていくよう声がけします。

意見を書く位置の工夫で読みを深める

「クエを目の前にしたときの太一は、どのような気持ちだったでしょう？」

『海のいのち』の授業で子どもにこう問いかけると、たくさんの意見が出されます。

どんどん出てくる意見は板書していかないと、内容が重複したり、関連がないものが出されたりして、読みが深まっていきません。

まずは出された意見を板書していくことで、子どもは板書された意見に対してもともともっていた自分の考えと比較したうえで意見を出すことにつながり、読みが深まっていきます。

ただし、出た順に意見を羅列していくと読み取りの混乱を招くので、意見を板書する位置を工夫し、お互いの考えの理解や、物語を整理して読み取ることにつなげます。

板書する位置の工夫には大きく２通りあります。

1つは、**物語の展開順に板書する**ものです。

例えば、「クエに対して太一はどのような気持ちをもっていたのでしょう?」という問いに対して、子どもたちは物語の展開の様々な場面を根拠にして意見を述べます。冒頭から順に意見が出されるとは限りません。そこで、出された意見を物語の展開順に板書していきます（展開順の根拠とするのは、基になる叙述の位置です）。意見を順に見ていくと、登場人物の心情の変化を理解することができますし、人物像を立体的につかむことにもつながります。

もう1つは、**立場に従って板書する**ものです。

これは読むことの学習過程により、さらに2つに分けられます。

1つは、**精査・解釈の段階での立場**です。例えば「兵十の問いかけにうなずいたごんはうれしかったのか、悲しかったのか」といった登場人物の心情を問う場合です。

もう1つは、**考えの形成の段階での立場**です。例えば「クエをうたなかった太一をどう思うか」といった、読者として登場人物をどう思うかを問う場合です。

いずれにしても、異なる立場の意見は空間的に離して板書し、立場の違いがはっきりとわかるようにします。

▼▼▼事例解説①『海のいのち』（物語の展開順に板書する）

『海のいのち』（6年）のクライマックス、太一がついにクエと対峙する場面。

学習課題として、「クエを目の前にした時の太一はどのような気持ちになったのだろうか」を設定します。

見通しとして、「父とクエとの関係」「母や与吉じいさの言葉との関係」「これまでのクエへの思い」「クエの様子」といったことを観点にして、読み取りをつくっていきます。その際、必ず教科書の叙述のどこを根拠にしているのかをはっきりさせます。

本文を一読させた後、子どもたちに10分ほど時間を与え、まず自分の力で考えさせます。考えが1つできたら教師のところに持って来させ、確認します。確認したら2つ目、3つ目の考えをつくらせていきます。

教師は子どもたちのノートを確認していきながら、子どもたちの考えの傾向を把握し、黒板のどこにどの意見を板書していくかの見当をつけます。

時間がきたら、指名して考えを出させていきます。

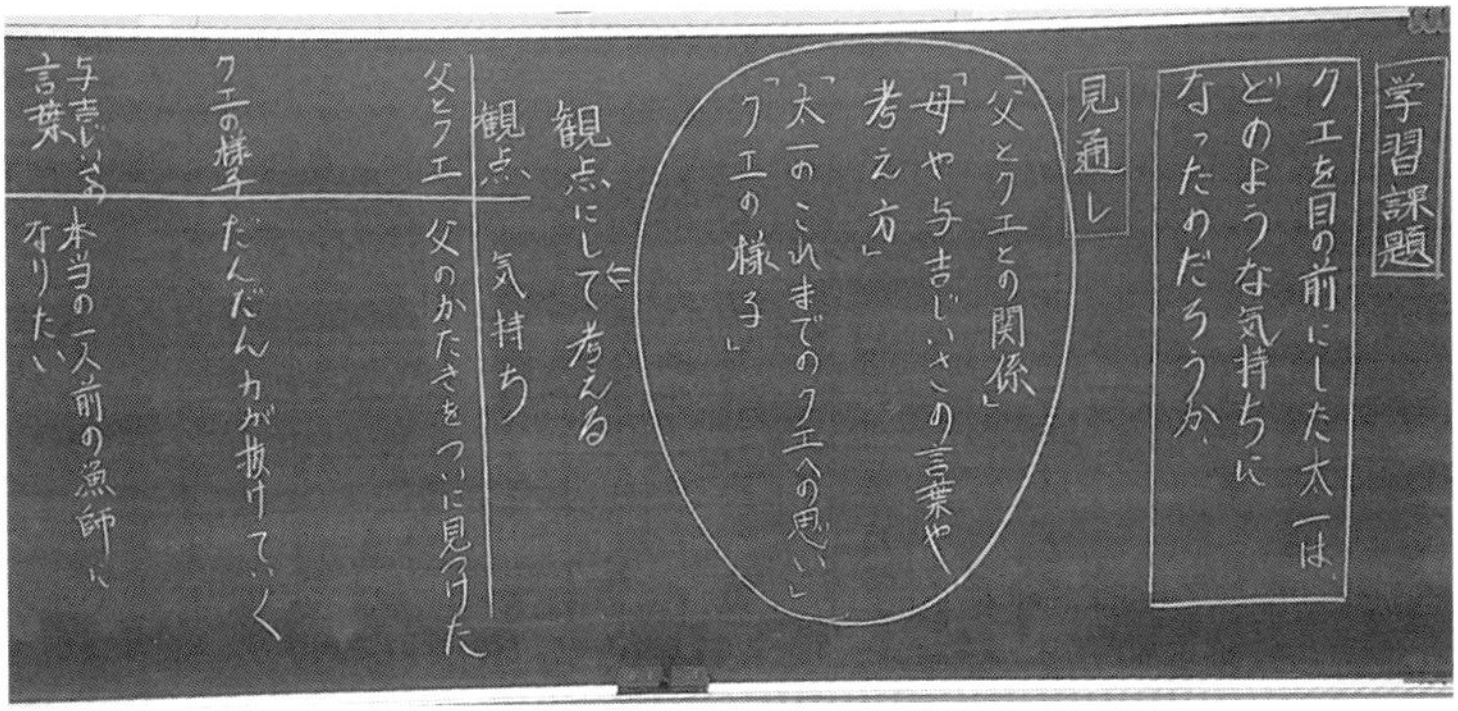

『クエの様子』を観点にすると、太一はだんだん力が抜けていったと思います。どこから考えたかというと…。わけは…」というように「観点」「意見」「根拠」「理由」の４つの要素を言わせるのが理想です。

最初の意見が出たら板書し、まず同様の叙述からの意見を尋ねます。

次に、その意見よりも前の叙述を根拠にしたものを尋ねます。**登場人物の心情の変化を意識できるようにするため**です。

前の叙述を根拠とした意見が出たら、最初の意見を板書した位置より右側に板書し、物語の展開に沿うようにします。

事例解説② 『海のいのち』（立場に従って板書する）

『海のいのち』では、太一は父のかたきであるクエと直接対峙しましたが、戦うことはありませんでした。

なぜ千載一遇の機会を生かさなかったのか、疑問をもつ子どもは多くいます。

クライマックス場面での太一の心情変化の読み取りを終えた後、太一の父がクエに殺されたことを取り上げ、太一は結局、父親のかたきうちをしなかったことについてどう思うかを子どもたちに尋ねます。子どもたちの意見は、「やはり戦うべきだった」と「戦わなくてよかった」という2つに分かれます。

そこで、「太一はクエと戦うべきであったか」という学習課題を設定し、「戦うべきであった」「戦うべきではなかった」の2つの立場に分かれて話し合いをします。

黒板には、**片方の隅に「戦うべき」と板書し、もう片方の隅に「戦うべきでない」と板書します。**

立場に応じて、座席を分けてからそれぞれに考えをつくらせます。

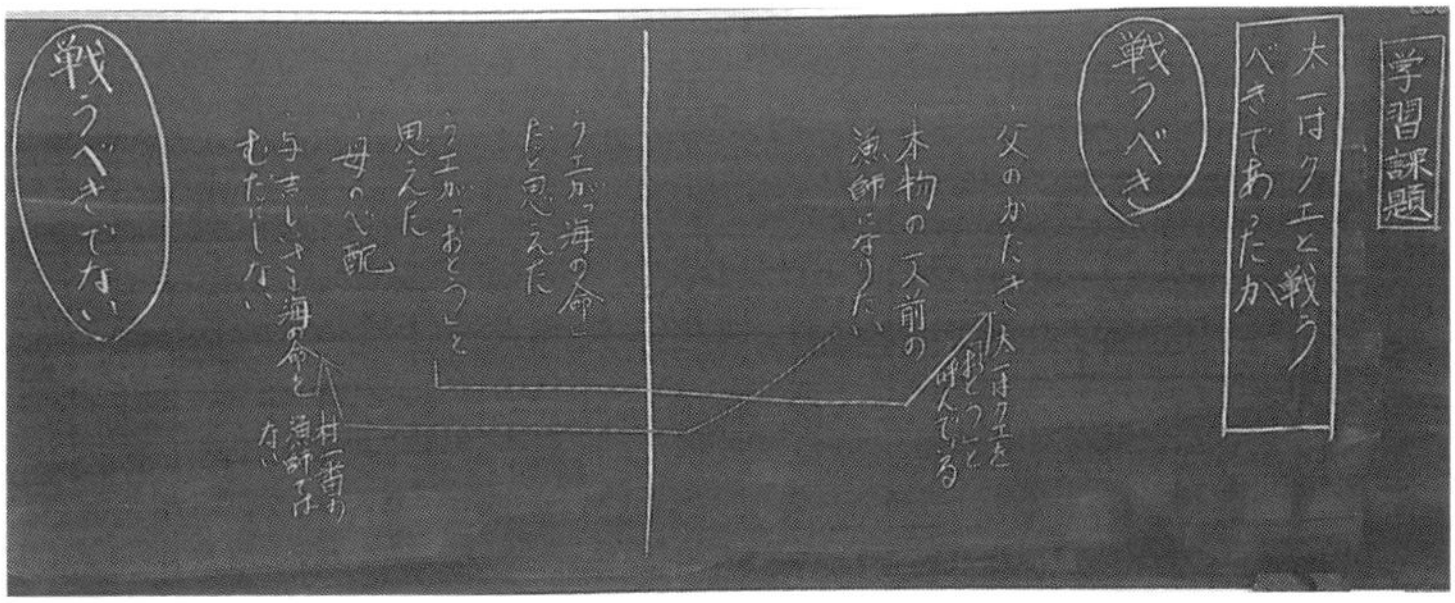

自分の考えには、理由をつけさせます。それぞれ自分の考えができたら、同じ立場の子同士で考えを発表し合い、自分たちの考えを練り上げていきます。その後、一斉授業の形に戻します。

まず、それぞれの立場の意見と理由を出させます。**教師はそれぞれの立場のところに「理由」を板書していきます。**

次に、お互いに意見交換していきます。意見交換は相手の意見の理由に対して述べていきます。「父のかたきだったから戦うべきという意見に反対で、太一はクエを『おとう』と言っているのだから…」といった**反対意見はもとの意見に添えて板書し、黒板上に話し合いの様子が見えるようにしていきます。**

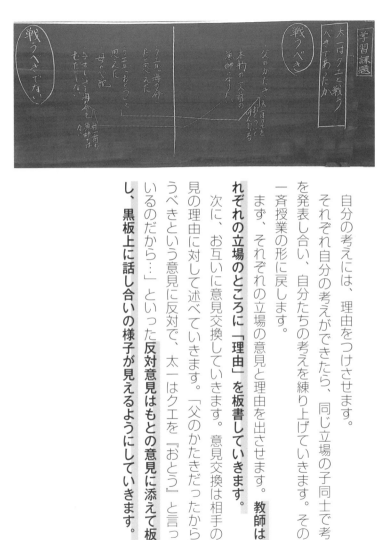

本文を大きく掲示し、変化をつかませる

物語を授業で扱っていく場合、デジタル教科書で本文を掲示したり、模造紙に本文を書いて掲示したりすることには、大きく2つの意義があります。

1つは、**子どもたちの意識を焦点化させる**ということです。

子どもたち一人ひとりには教科書があり、共通して同じ物語を見ています。けれども、物語教材は基本的にある程度の分量があるので、授業で扱う範囲を限定しても、それぞれの子が注目する箇所は拡散しがちです。確かに、物語の解釈を多様に行うには、様々な叙述を根拠にすることは当然必要です。けれども、「この部分に着目して、この部分の読みをみんなで深めたい」といった場合には、着目する叙述を絞り、共通化して示すことが必要になります。

そういった場合、本時に扱いたい本文を拡大して掲示することで、子どもたちの意識は

黒板に掲示された本文に集中します。

もう1つは、**登場人物や場面の様子の変化をつかむ**ということです。

本文を掲示して変化をつかんでいくためには、大きく3つのステップがあります。

1つ目は、**変化をつかむために必要となる叙述に着目させる**ということです。

表情や、言葉の調子など観点を決め、登場人物の様子や場面の様子などに着目させ、叙述に印をつけます。

2つ目は、**着目した「変化をつかむために必要となる叙述」を解釈して、その結果を全体で共有させる**ということです。例えば「ぽかんとして」と「白いほおが夕焼けのように赤く」の表情を取り出すと、「驚きから感動」という心情の変化を解釈することができます。

3つ目は、**心情の変化はなぜ起きたのかを考えていく**ということです。心情の変化には原因があります。その原因となるものは、拡大した本文に書かれていることが多くあります。拡大した本文を読む中で、変化の原因を考えていくことができます。

また、長い物語では、何枚かの模造紙を教室の壁面に貼っていくことも場面同士の変化を見ていくために効果的です。

▼▼▼事例解説『わらぐつの中の神様』

『わらぐつの中の神様』（5年）で大工さんがおみつさんにプロポーズする場面では、おみつさんの心情が、表情や動作で表れています。

おみつさんの表情や動作に着目して、この場面の解釈を行っていきます。

学習課題を「大工さんにプロポーズされる場面でのおみつさんの気持ちの変化を読み取ろう」とします。そして、見通しを「おみつさんの動作や表情に着目する」とします。

まず、おみつさんの心情が表れている動作や表情を個人追究で見つけさせ、発表させます。

「こっくりこっくり」「ぽかんとして」「白いほおが夕焼けのように赤くなりました」の3つが出されます。

教師は、**拡大した本文の中の該当する言葉を［　］で囲みます。**

次に、それぞれの叙述の言葉の意味を基にして心情を考えさせます。

「こっくりこっくり」は納得、共感しているといったことが出されます。

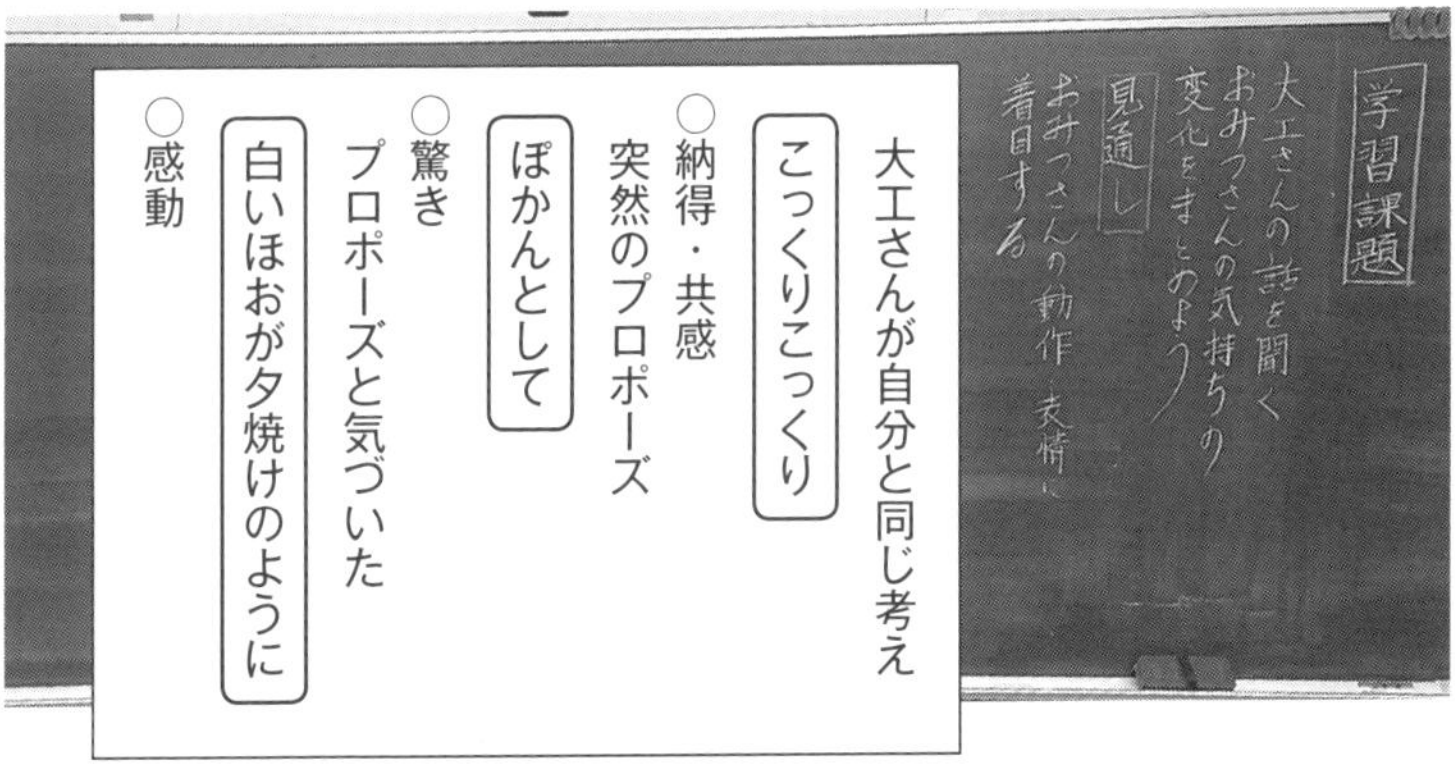

出された意見は、拡大した本文の□で囲んだ叙述に添えて書きます。

次になぜその心情になったのか原因を考えさせます。「こっくりこっくり」で納得・共感する気持ちになった原因を見つけるためには、その動作の前の大工さんの会話文に着目し、内容を読み取る必要があります。

大工さんの会話文を読むと、その前におみつさんが同様のことを考えている叙述があることに気づきます。そこで、「自分の考えていることと大工さんの考えていることが同じだったから」というように「納得・共感」した理由が考えられます。**出された意見は本文の脇に書いていきます。**

図・矢印でクライマックスをつかむ

物語教材を学習していくときの大きな楽しみと目的の1つは、「クライマックス」を読むことです。

クライマックスを読むことによるメリットは2つあります。

1つは、**物語を俯瞰することができる**ということです。

「はじめに○○だった主人公が□□によって、●●になった」というクライマックスの基本の形は物語の骨格となるものです。

もう1つは、**物語のテーマをつかむことができる**ということです。

物語のテーマとは、物語が自分に最も訴えかけてくる世界観や価値のことです。

クライマックスの基本の形の「□□によって」の部分、つまり主人公の変化の原因を追究することによって、物語のテーマが浮かび上がってきます。

クライマックスを読むためには、大きく2つのステップが必要です。

1つ目は、**変化の前後の姿を見つける**ことです。

2つ目は、**その変化の原因を考える**ことです。

そのうえで、物語のテーマを考えていきます。

クライマックスでの変容は、クライマックスの基本形に合わせて、文や文章でまとめていくこともできますが、上図のように図式化することで余分な言葉を削ることができるので、さらにわかりやすくすることができます。

授業では、子どもたちに図のかき方を説明した後、まず個人で図の作成を行う時間をつくります。

個人で作成できたら、グループで検討を行います。

グループで検討したものは板書させます。

そうしたら各グループに説明をさせ、検討していきます。検討したことを踏まえて、改めて各自に図をつくらせます。

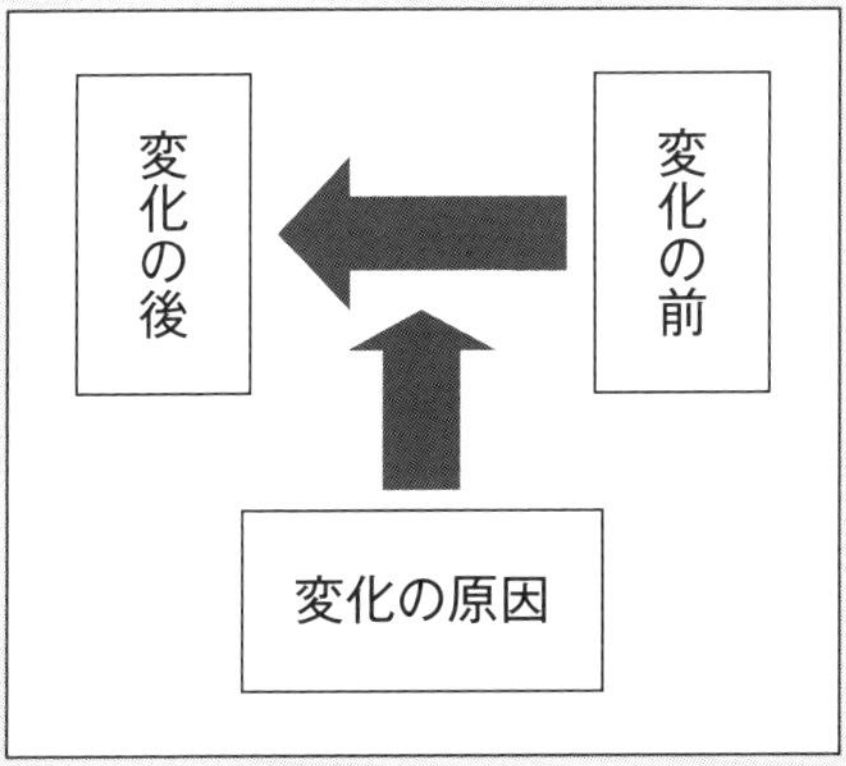

▼▼▼事例解説『大造じいさんとガン』

『大造じいさんとガン』（6年）のクライマックスはどこかを検討する授業です。

クライマックスとは「ある人・ものが最も大きく変化するところ」という定義を押さえ、クライマックスの検討を行うことによって、物語のテーマをつかむことにつながるという学習の価値づけをしたうえで行います。

学習課題を「『大造じいさんとガン』のクライマックスはどこだろうか」とします。

そして、**見通しを「変化の前・変化の原因・変化の後を図にまとめる」として、図の見本を示します。**そのうえで、まず個人で図をつくっていきます。

子どもたちの中には、Aタイプとして、「残雪を撃とうと思う大造じいさん」が「仲間のガンを助けようとする残雪」によって「残雪を撃とうとするのをやめる」という意見をもつ子がいます。一方で、Bタイプとして、「残雪を撃つことをやめた大造じいさん」が「残雪の頭領らしい堂々とした姿」によって、「ただの鳥に対している気がしなくなった」という意見をもつ子もいます。

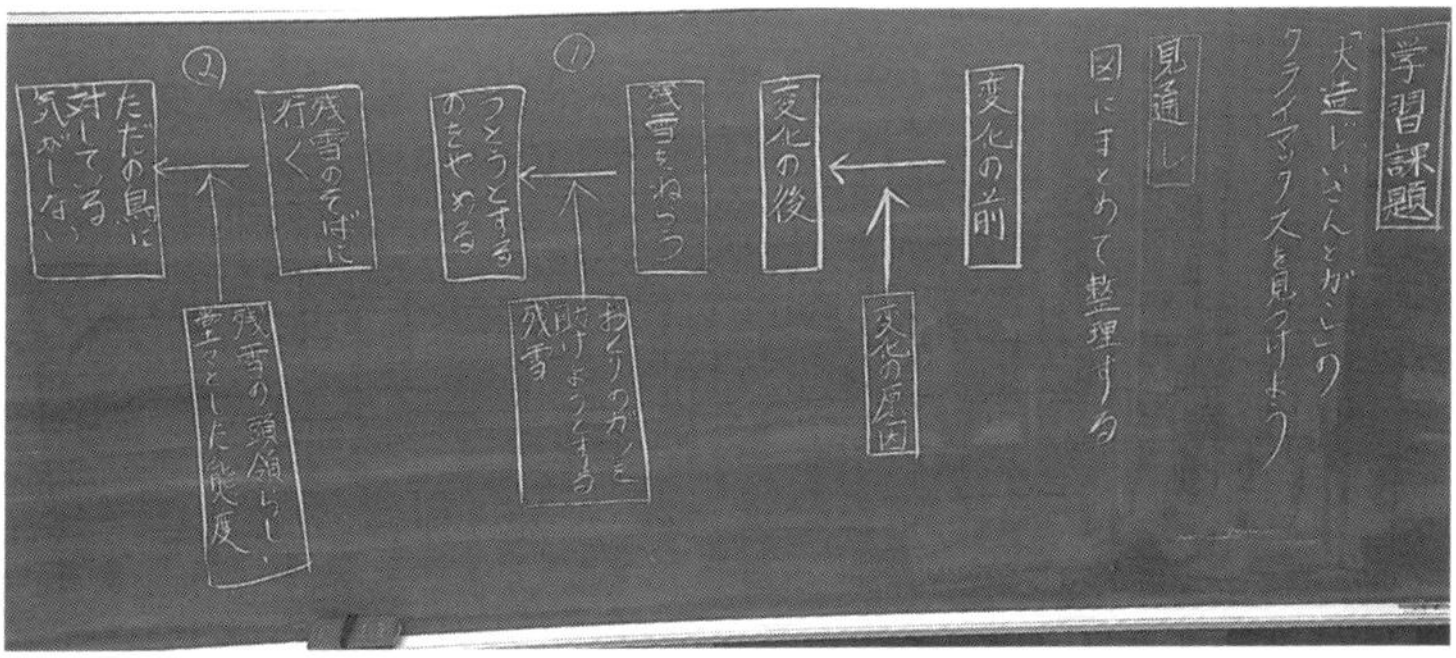

個人の考えができた後、グループで考えをまとめ、グループごとに黒板に考えを書きます。おおむね、この2つの考えのどちらかがそのグループで集約した意見として板書されます。板書したら、各グループの発表を行い、その後どちらがクライマックスとしてふさわしいかの検討を行います。

Aに対してBからは「撃つのをやめただけで気持ちは完全に変わっていない」、Bに対してAからは「変化の前と後での変化の程度が少ない」といった反論が出されます。どちらももっともな意見です。

肝心なことは読者としてどう読むかです。話し合いを踏まえて、改めて自分の考えをもたせていきます。

首尾の呼応を表にして読みを深める

物語のテーマを探っていく際の最もポピュラーな方法は、クライマックスに着目し、変化の原因を一般化して考えていくものです。

例えば、『ちいちゃんのかげおくり』であれば、幼いちいちゃんが亡くなってしまった大きな原因は、空襲により家族とはぐれてしまったことです。そこから「戦争は恐ろしいものだ」というテーマが導かれていきます。

一方、物語のテーマを探っていくもう1つの大切な方法として、**「首尾の呼応」に着目する**というものがあります。

観点を決めて、物語の始まりの場面と、終わりの場面との比較を行い、その結果から一般化したテーマを考えていくという方法です。

例えば、『ちいちゃんのかげおくり』であれば、物語の始まりでは空襲が激しくなり、戦争の厳しい様子が描かれています。一方で、物語の終わりの場面では、青い空のもと、平和な世界の中で、楽しく遊ぶ子どもたちの姿が描かれています。

授業では、空の様子や子どもたちの姿など、観点を決めて物語の始まりと終わりを比較します。そうすると、物語の終わりでの平和な状況がクローズアップされてきます。そのうえで考え出されるテーマは「平和な世界のよさ」といった明るいものも出されてきます。『ちいちゃんのかげおくり』や『一つの花』といった戦争を題材にした物語のテーマをクライマックスの読みを基に考えていくと、「戦争は恐ろしいもの」「戦争は悲しみを招く」といった深刻なものになる傾向があります。もちろん、それは大切なことなのですが、首尾の呼応からテーマを考えていくと、未来に向けた明るいテーマを見つけていくことが自然にできます。

首尾の呼応を考えていく際には、観点を決めて比較していくことが効果的です。例えば、『ちいちゃんのかげおくり』では、「空の様子」といった観点で比較すると違いが鮮明になります。

授業では、**子どもたちに物語の始まりと終わりの比較をさせ、表の形にして板書させていく**ようにします。

▼▼▼事例解説『一つの花』

『一つの花』（４年）を教材にして、首尾の呼応からテーマを考えていきます。前時では、父親が出征する場面の検討から「一つの花」のテーマを「戦争は家族をばらばらにするもの」「戦争はこわい」といったテーマが多く出されていました。そういったテーマの価値を認めつつ、最後の明るい場面はなぜ描かれているのかを考えていくことからスタートし、首尾の呼応を行う必要感をもたせます。

学習課題を「『一つの花』のテーマを考えよう」と設定します。

見通しを「物語の導入場面と終末場面を比べる」とします。叙述を取り出し比べる際には観点を設定して行うことを説明し活動に入ります。

「時」を観点にすると、導入場面は「戦争の激しかったころ」、終末場面は「十年後」となることを全体で確認してから個人追究に入ります。

その際、**黒板に、観点と導入場面、終末場面の項目を立てた表を書き、その項目に沿ってノートに書いていくように指示します。**

※板書中の○○の部分は，実際には子どもの名前が書かれています

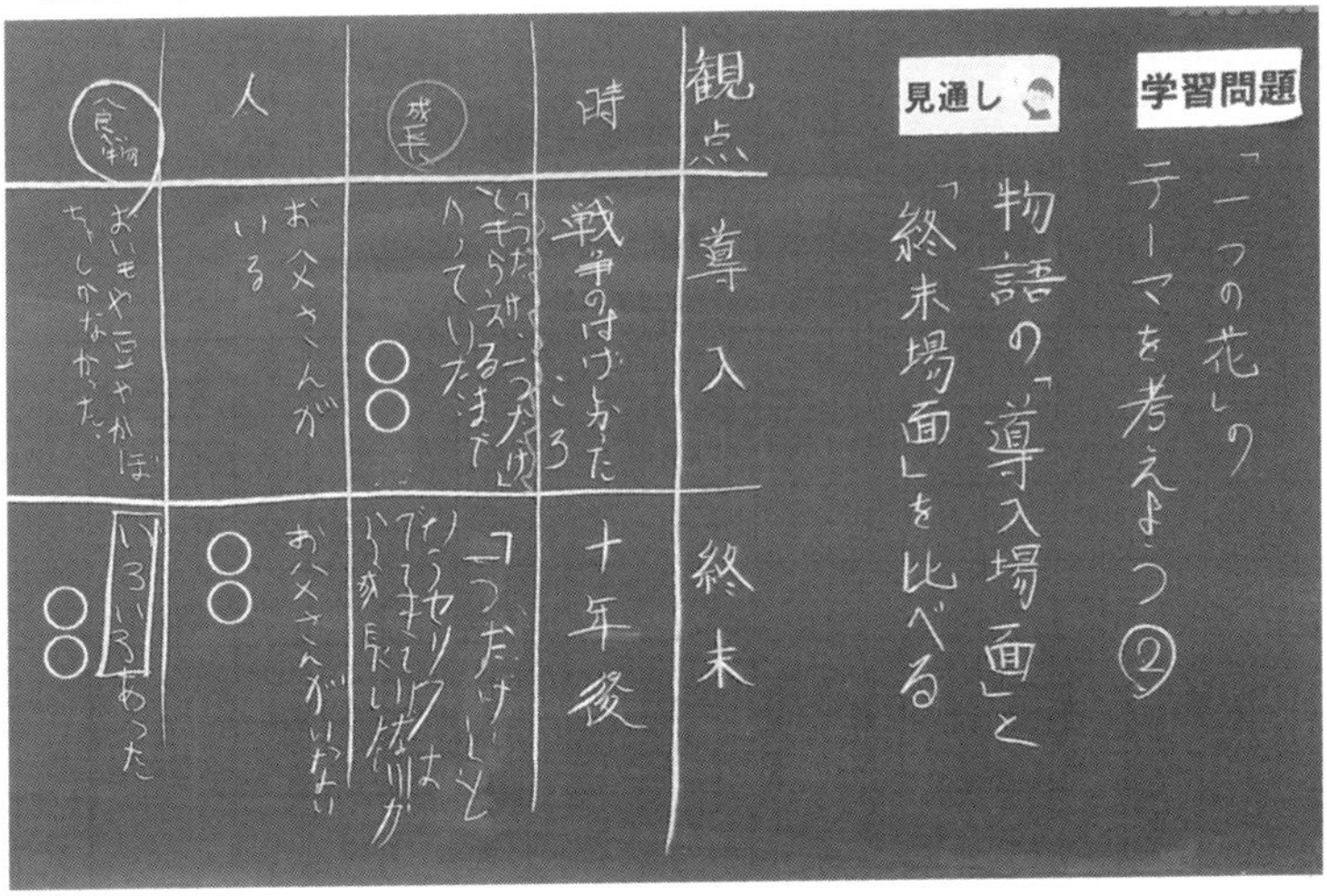

個人追究で見つけたものは、教師が確認し、早く書けた子から板書させていきます。

「人」を観点にすると、導入場面ではお父さんがいる、終末場面ではお父さんがいない、「食べ物」を観点にすると、導入場面ではおいもや豆やかぼちゃ、終末場面ではお肉・お魚、「風景」を観点にすると、導入場面では町が焼かれていて、終末場面ではコスモスのトンネルができていることなどを子どもたちは発見していきます。

そのうえで、導入場面と終末場面の比較をします。子どもたちからは、導入に比べて終末は豊かになった、平和になったという意見が出されます。それらを踏まえて、改めてテーマを考えさせます。

3つの設定と出来事で表をつくる

物語を学習していく場合、はじめに押さえることが必要なのは、**物語の場面ごとの時・場所・登場人物の3つの設定**です。

物語のストーリー展開に意識が偏りすぎ、設定をしっかりと押さえていないと、物語の世界を正確に思い描くことができません。逆に、設定をしっかりと押さえておけば、物語世界の正確な理解が共通して行え、読みを深めていく素地ができます。

授業は物語の学習を行うはじめの段階で行います。

場面・時・場・人物・大まかな出来事の項目で黒板に表を書き、子どもにもノートに同様の表をつくるよう指示します。教材文を一読した後、場面ごとにそれぞれの項目の内容を考えていきます。その際、場面全体としての時・場・人物を考えさせ、その場面を俯瞰できるようにしていきます。

事例解説『ちいちゃんのかげおくり』

『ちいちゃんのかげおくり』（3年）は、5つの場面から成っています。場面ごとに1行あきになっているので、場面の分かれ目を見つけることも易しく行えます。

授業では、「『ちいちゃんのかげおくり』の骨組みを見つけましょう」という学習課題を設定します。そして、「3つの設定と場面ごとのあらすじをまとめる」という見通しをもたせます。

黒板に、場面・時・場・人物・大まかなできごとの5つの項目で表を書き、同様のものを子どもたちにもノートに書かせます。そして、場面の数を尋ねます。子どもたちからは5場面構成という答えが返ってきます。すぐに答えが返ってこない場合には、場面ごとに1行あきになっていることをヒントとして示します。そして表も5つに分けます。

そうしたら、時・場・人物の3つの設定を見つけながら音読させます。一場面は全員で考えさせます。時は「出征する前の日」と「いくさがはげしくなって」の2つが出されます。場所も「墓参りの帰り道」「ちいちゃんの住む町」の2つが出されます。人物は、ち

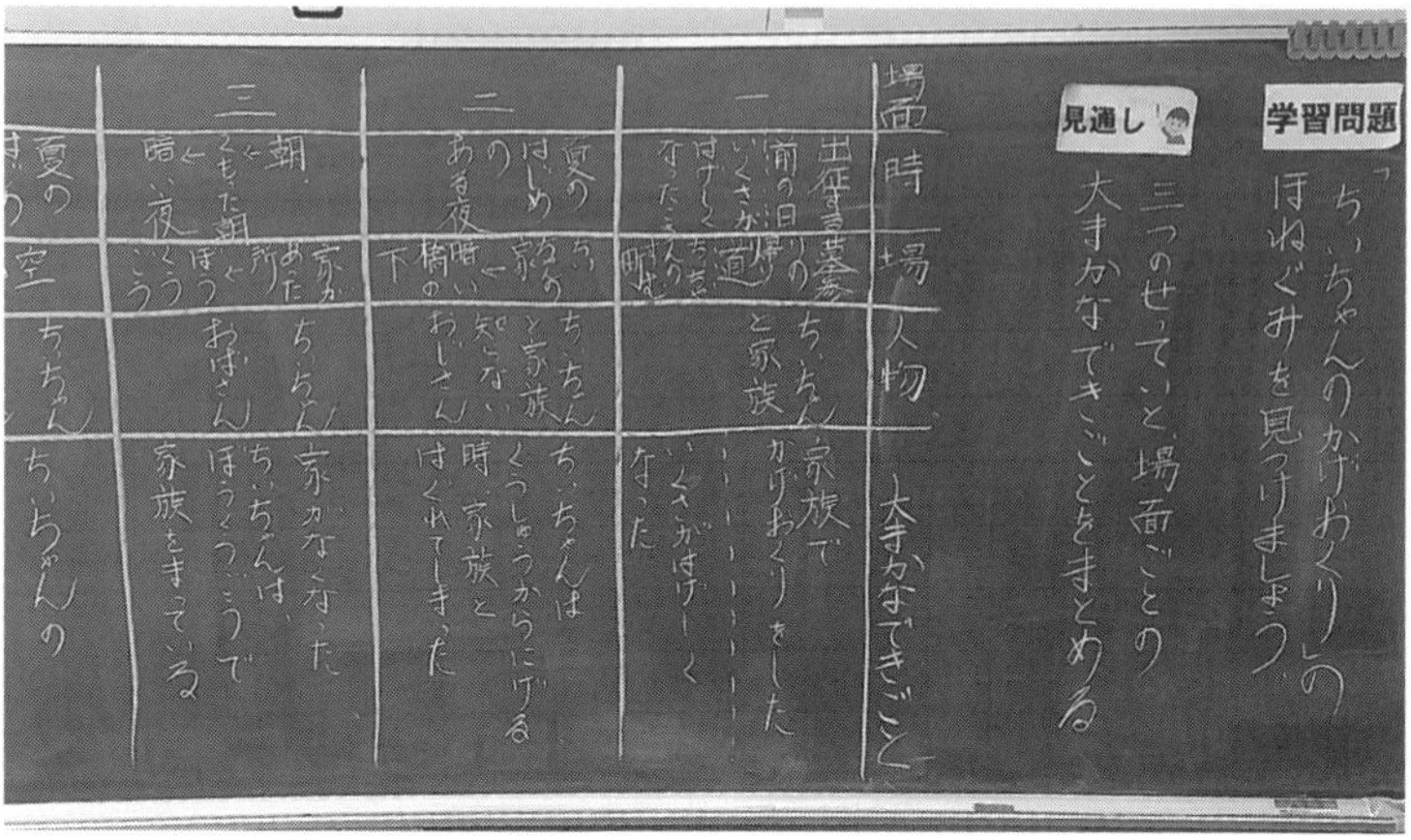

いちゃん、お兄ちゃん、お父さん、お母さん、大まかな出来事は「お父さんが出征する前の日家族でかげおくりをした。いくさがはげしくなった」となります。

二場面のときは「夏のはじめのある夜」、場所は「ちいちゃんの家から暗い橋の下」、人物は「ちいちゃんと家族、知らないおじさん」、大まかな出来事は「ちいちゃんがくうしゅうから逃げるときに家族とはぐれてしまった」となります。

三場面は個人追究した後隣同士で相談し、まとめた意見を発表させ、四、五場面は個人追究したものを教師に見せ、板書させて発表させる…といったように、**活動の仕方に変化をもたせて集中して学習できるようにします。**

第4章 教材・教具活用の技術

Chapter4

中心人物の変容を簡単に、わかりやすく表現させる

言語活動に力を入れて取り組もうとする際、「時間が足りない」という課題に直面することがあります。

立派な成果物を残そうとするあまり、いろいろ書かせすぎてしまい、文章や言葉を吟味することより、作成そのものに時間がかかってしまったりしていないでしょうか。

こういった課題を踏まえると、言語活動を行う際、**「簡単にできる」**という視点は不可欠だと考えます。「簡単にできる」とは、その言語活動を行うための準備に大きな手間がかからない、ということです。

また、**「楽しい」**という視点で考えることも重要です。「楽しい」とは、子どもが「やってみたい」という意欲が持続できる、ということです。例えば、毎回リーフレットづくりを行うような取り組み方では、子どもの意欲は持続できず、関心は薄れていきます。

さらに、**「わかりやすい」**という視点も重要です。「わかりやすい」とは、その言語活動でどんな力を身につけさせたいのかがはっきりしている、ということです。身につけさせたい力とは、その単元の指導事項、教材を使って獲得させたい言語能力のことです。物語文で身につけさせたい力は、各学年でそれぞれ系統的になっています。

例えば、身につけさせたい力が、「中心人物の変容を読み取ること」だった場合、どのような言語活動が効果的でしょうか。

あらすじ・感想・登場人物・場面…など多くのことを盛り込むのではなく、中心人物の変容に絞って言語活動に取り組む必要があります。

例えば、物語の最初と最後で中心人物がどのように変わったのかを子どもが友だちに紹介する（したくなる）ような活動が考えられますが、次ページから、そういった活動で有効に活用できる教材・教具を紹介します。

事例解説『走れ』

ここでは、中心人物の変容を読み取り、シンプルに表現する「ビフォーアフターボックス」という教材・教具を活用した言語活動を紹介します。

4年生『走れ』の授業です。

教材・教具のポイントは、中心人物の変容（物語の最初と最後でどのように変わったのか）をわかりやすく表現するために、顔（表情）をかかせるということです。

その根拠になるものを日記にして書かせていきます。

まず、ボックスの一面目に、最初の中心人物の顔とその気持ちを文章で書かせます。文章は**「ビフォー日記」**として、主人公になりきって日記風に書きます。

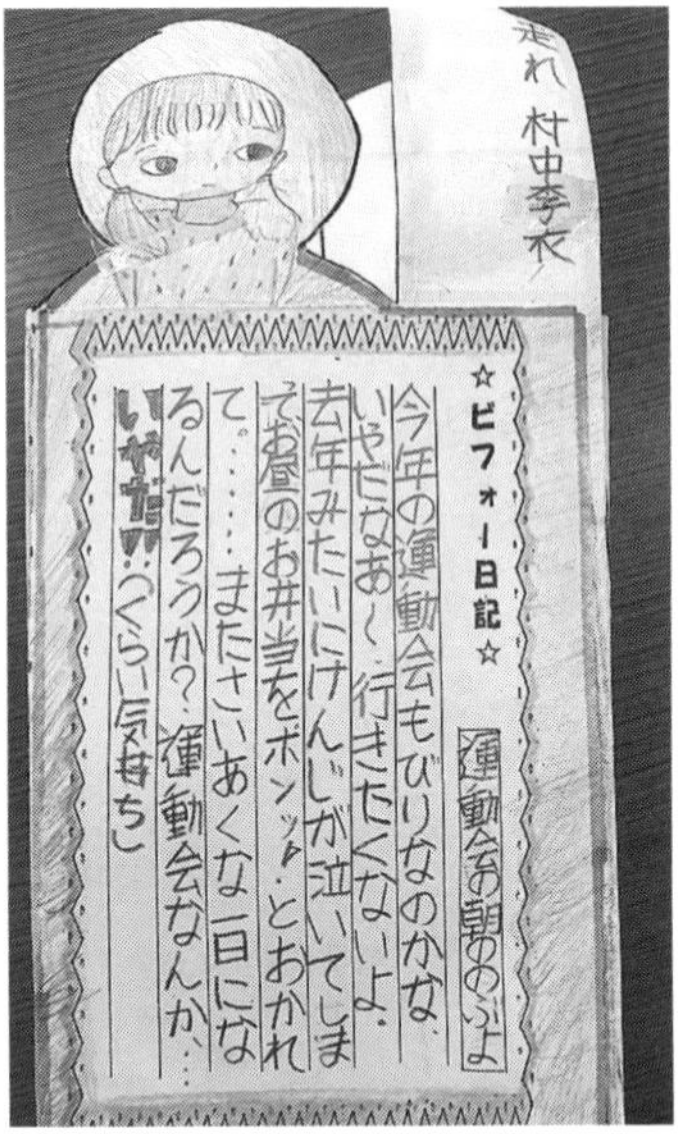

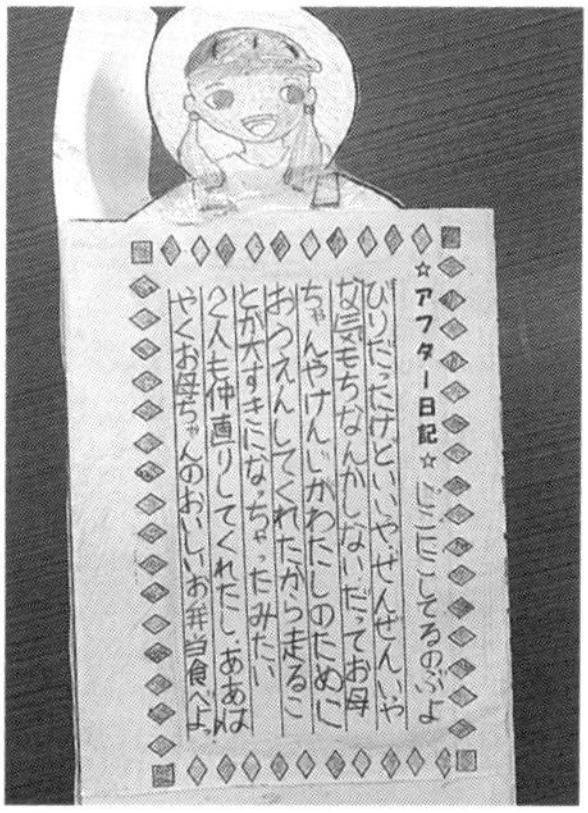

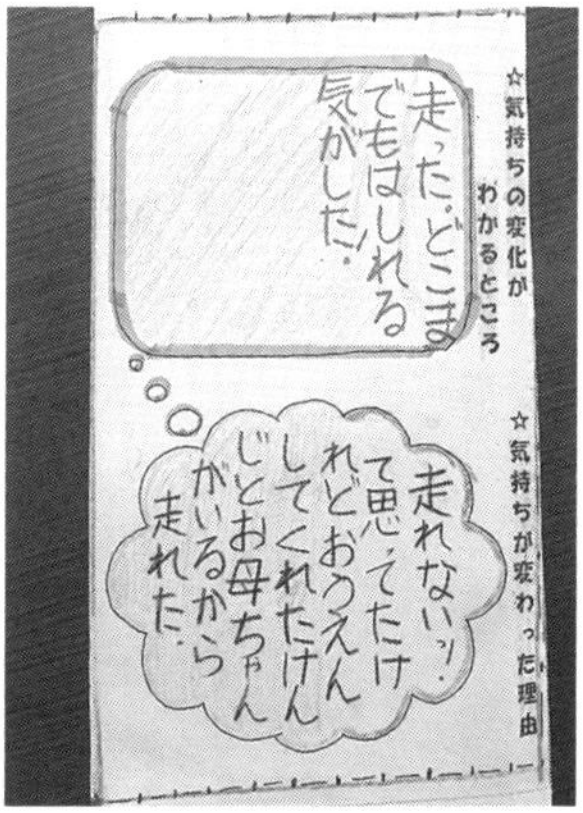

ボックスの二面目には、最後の中心人物の顔とその気持ちを**「アフター日記」**として書かせます。

そして、ボックスの三面目には**「気持ちの変化がわかるところ（叙述）」**と**「気持ちが変わった理由」**を書かせます。

このように、ボックスは三面になっており、折り曲げて貼ると完成する簡単なものです。

もっと簡単にできる方法として、毎時間「なりきり日記」（のぶよ日記）を書かせるという手もあります。

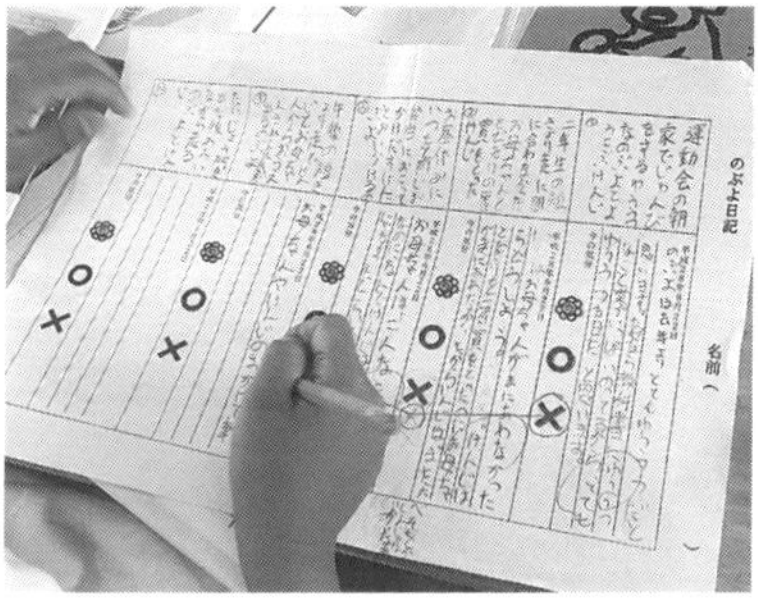

発達段階に応じた「楽しい」を演出する

前項では「簡単にできる」「わかりやすい」を意識した言語活動で有効な教材・教具を紹介しました。

そこで、ここでは「楽しい」に焦点を当てた言語活動と、そのために有効な教材・教具について考えてみます。

「楽しい」とひと口に言っても、低学年、中学年、高学年でできることは違います。せっかく楽しい言語活動でも、必要以上に時間がかかったり、子どもによってはできなかったりするのでは意味がありません。

例えば、低学年では長い文章を書いたり、ものをつくったりする活動は難しいので、発表や簡単な劇などが適しています。中学年になると、切ったり貼ったりすることもある程度自由にできるようになるので、具体物を作成するような活動も有効です。また、高学年になると、より高度な意見交換会なども可能になります。
子どもが「楽しい」と感じる言語活動を、経験を踏まえてより具体的に紹介します。

演じる	劇、ペープサート、紙芝居、朗読、群読
紹介・推薦	本の帯、作者の紹介、本の推薦文、ブックトーク 読書ポスター、リーフレット、パンフレット、 本のポップ、読書郵便
創作	語録集、手紙を書く・続き話を書く、読書クイズ
交流	テーマ読書会、感想交流会

次ページからは、子どもの発達段階を踏まえ、言語活動をより楽しくするような教材・教具を紹介します。

事例解説

「にがおえペープサート」（２年）

はじめに紹介するのは、２年生のペープサートで使える、「にがおえペープサート」です。

ペープサートを使ってただ音読発表をするだけでなく、気持ちをよりリアルに捉えさせるために、**主人公のペープサートの顔の部分を空けて、子どもに表情をかかせます。**

こうすると、その顔の根拠になる文をお互いに伝え合うことができます。「私は○○な気持ちだと思いました。それは、○○という文から○○という気持ちがわかるからです」というように発表させるとよいでしょう。

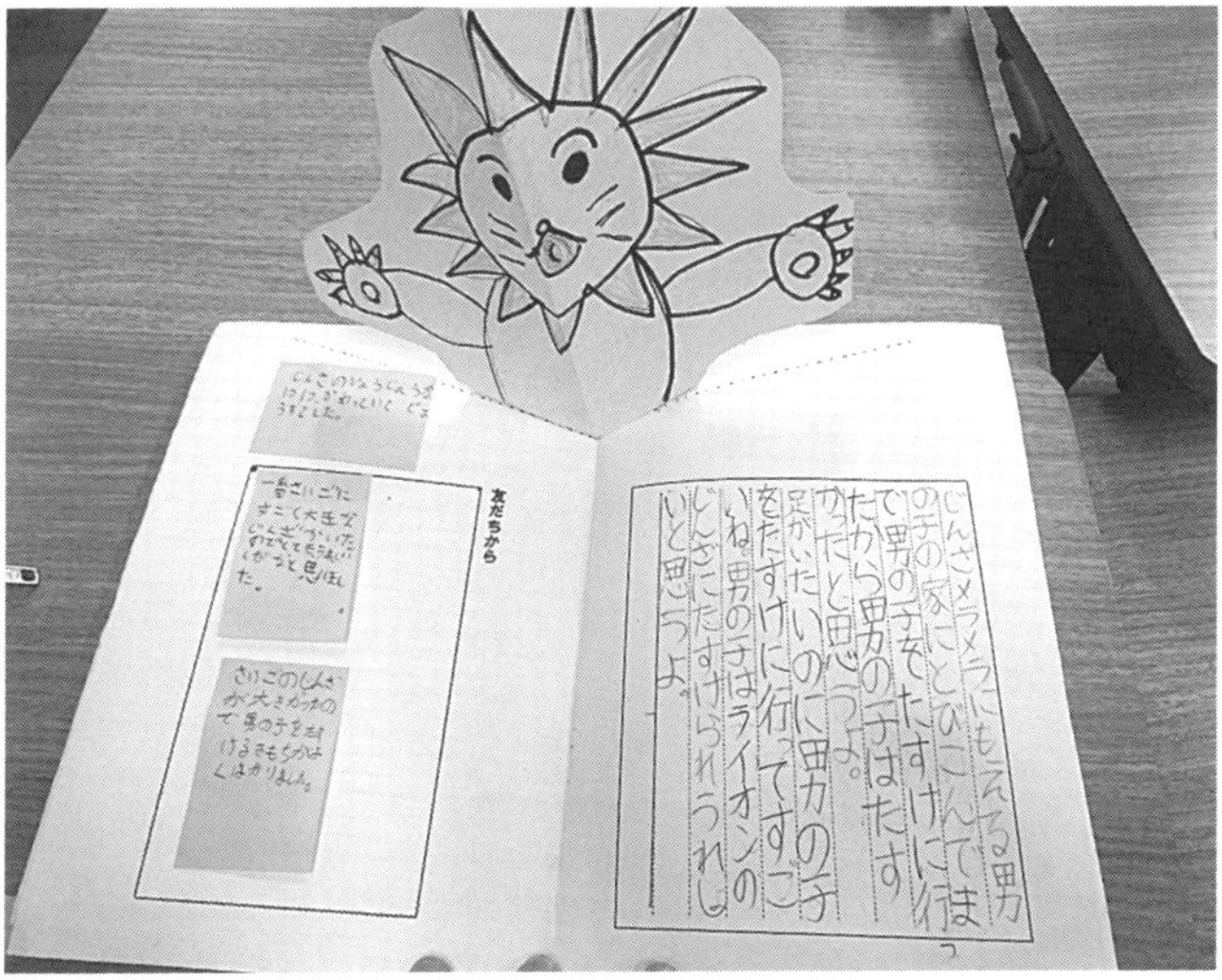

「とびだせ！　じんざブック」（3年）

中心人物の気持ちの変化を捉えさせるために、その表情と気持ちの大きさを絵にかいて貼り、開くと絵が飛び出すようにしました。

飛び出す絵本の仕組みを活用しています。

余裕があれば、はじめの顔も別ページに貼ることで、その表情や気持ちの大きさの変化も視覚的に表現することができます。

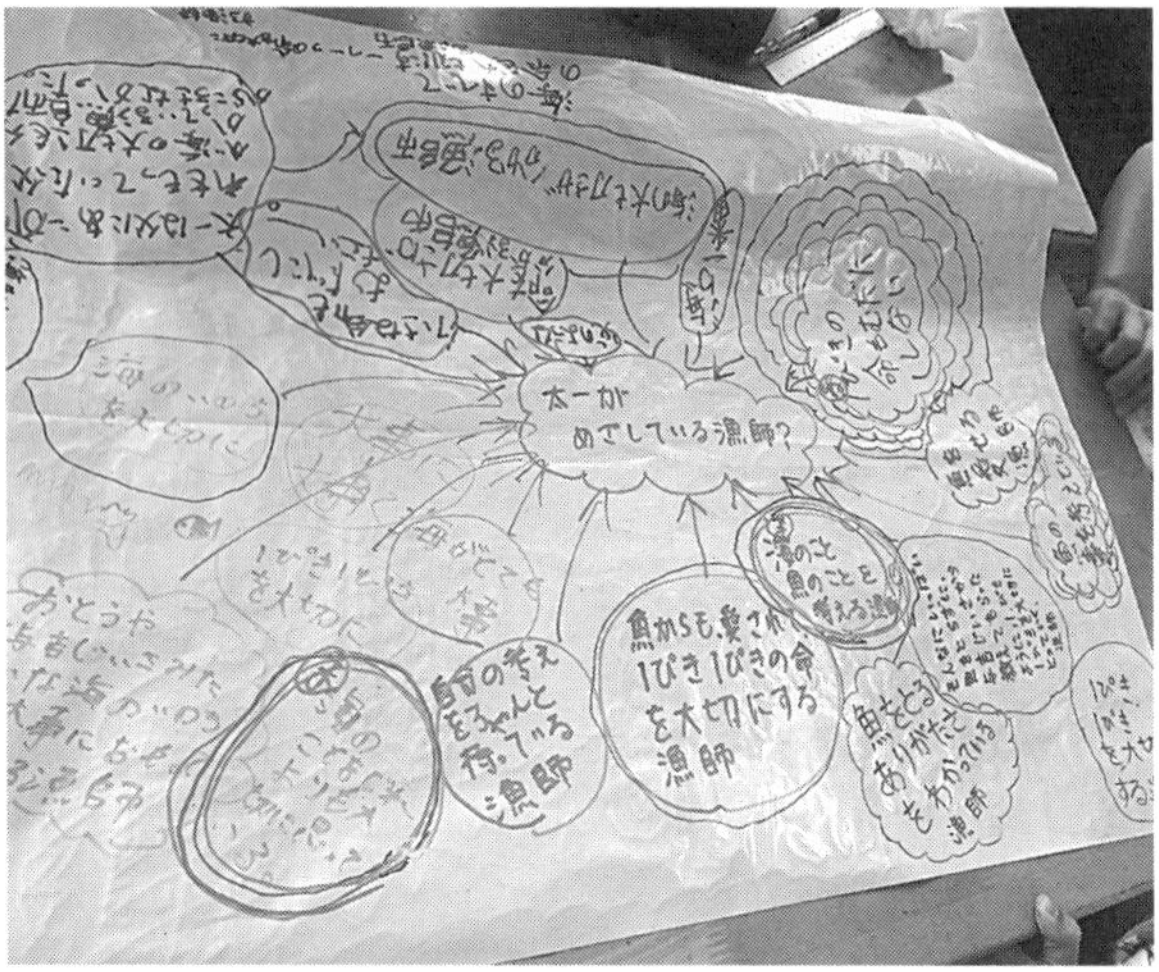

「シート状ホワイトボード」

「交流の技カード」（6年）

シート状ホワイトボードとは、ビニル製のホワイトボードシートのことです。百円ショップで販売しており、簡単に入手できます（普段はケースに丸めて収納しておくと、場所も取りません）。

話し合いのとき、このシートに考えを書かせます。50㎝×70㎝の大きさなので、グループの机の上に広げて一斉に書くことができます。**グループ全員で色を変えてシートに考えを書いて、話し合うことができます。**

また、静電気で黒板等に貼れるので、書いたものを学級全体で確認できます。ティッシュを使って消せるので、何度も使用可能です。

交流の技カード
1○○と○○は同じだね
2○○と○○はちがう考えだね
3○○についてもう少しくわしく教えて
4○○はなるほどと思ったよ
5○○はちょっとちがうんじゃないかな
6つまり○○ということなんじゃない？

シート状ホワイトボードに自分たちの考えを書き終え、みんなで意見交流する際には、「交流の技カード」で視点を与えてあげるとよいでしょう。

カードには、「同じ考えと違う考えを分類する（1、2）」「補足を求める（3）」「賛成か反対か自分の考えを伝える（4、5）」「まとめるとどういうことか考える（6）」という交流の視点が、「○○と○○は同じだね」「○○と○○はちがうね」…など、**実際の話し言葉で書いてあります。**

作品の紹介や交流の質を高める

先にも述べた通り、物語文で身につけさせたい力は、各学年でそれぞれ系統的になっていますが、年間に3、4教材しかない教科書の物語作品のみで、それらの力を確実に身につけさせていくのは難しいものです。

そこで、その作品で獲得した力を活用して他の本を読む機会を与え、まとめたり、交流させたりしていきます。

具体的には、次のような方法があります。

読書の時間等を使った作品紹介、交流

この場合は、物語文を読むときの基本的な視点を身につけさせることを意識していくとよいでしょう。

例えば、

・なぜその本を読んだのか・読む前の思い
・読んでみてどんな場面が心に残ったか
・疑問や質問してみたいことはないか
・自分には経験がないか、つながりはないか

といったことです。これらは、**そのまま読書感想文の視点としても使えます。**

単元で扱った作品と同ジャンルの別の本を紹介する活動

この場合、まずはその単元で学習する作品を、身につけさせたい力をしっかり押さえて読ませていきます。

しかし、同ジャンルの本とは言っても、単元で扱った作品と同じように身につけさせたい力に沿って書かれているわけではありません。

ですから、**言語活動そのものを身につけさせたい力に沿って行っていくような工夫が必要になります。**

事例解説

ここからは、「読書の時間等を使った作品紹介、交流」「単元で扱った作品と同ジャンルの別の本を紹介する活動」のそれぞれで活用できる教材・教具を紹介します。

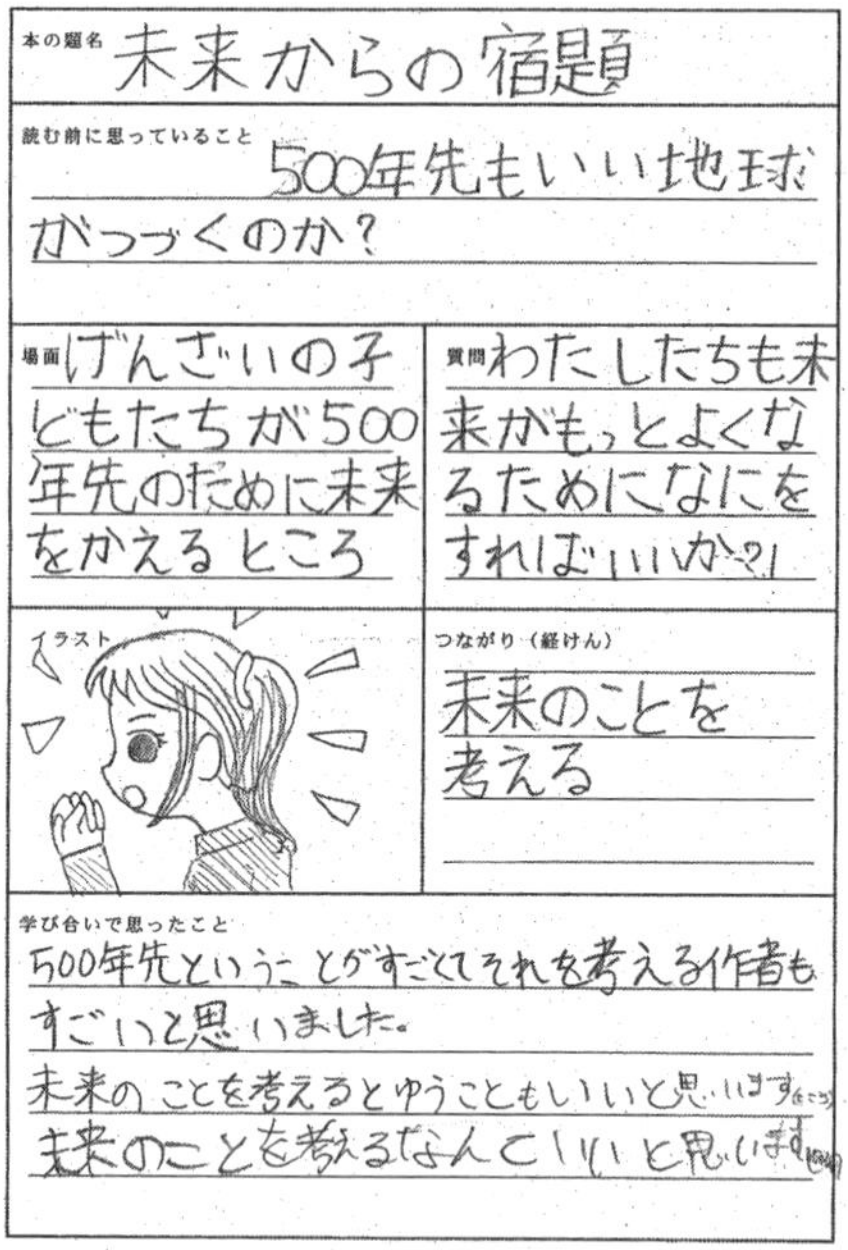
本の題名　未来からの宿題
読む前に思っていること　500年先もいい地球がつづくのか？
場面　げんざいの子どもたちが500年先のために未来をかえるところ
質問　わたしたちも未来がもっとよくなるためになにをすればいいか？！
イラスト
つながり（経けん）　未来のことを考える
学び合いで思ったこと
500年先ということがすごくてそれを考える作者もすごいと思いました。
未来のことを考えるとゆうこともいいと思います
未来のことを考えるなんていいと思います

「紹介カード」と「読書マップ」

「読書の時間等を使った作品紹介、交流」で活用できる教材・教具です。

「紹介カード」は、「読む前に思っていること」「(心に残った)場面」「質問(してみたいこと)」「(自分との)つながり」など、**物**

語文を読むときに大切にしたい基本的な視点で構成されています。

イラストもかかせると、子どもたちはさらに意欲的に取り組みます。

「紹介カード」を書いたら、黒板に図のような座標をかきます。これが「読書マップ」です。

子どもたちは、自分が読んだ本が「楽しい」「かなしい」「こわい」「ふしぎ」のどこに当たるのか、またどれくらいの程度なのかを考えて名前を書いていきます。

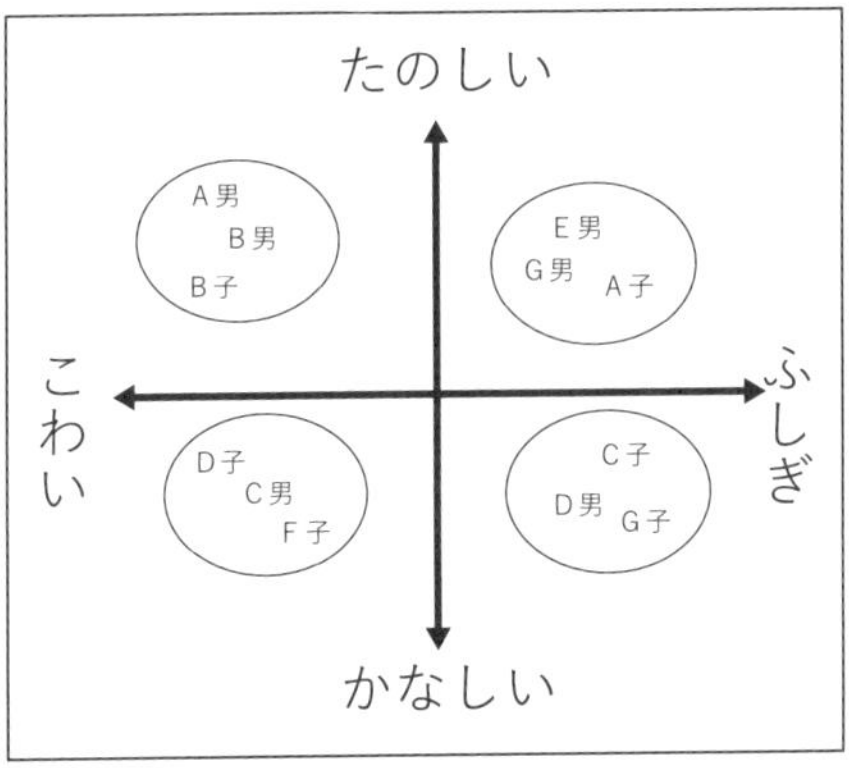

最後に、そのジャンルの3〜4人を○で囲み、交流するメンバーを教師が決めます。こうすると、同じような興味をもった子ども同士で本の交流ができ、より意欲的に取り組ませることができます。

交流は、1人1分で紹介し、感想を言い合う、という形で行います。

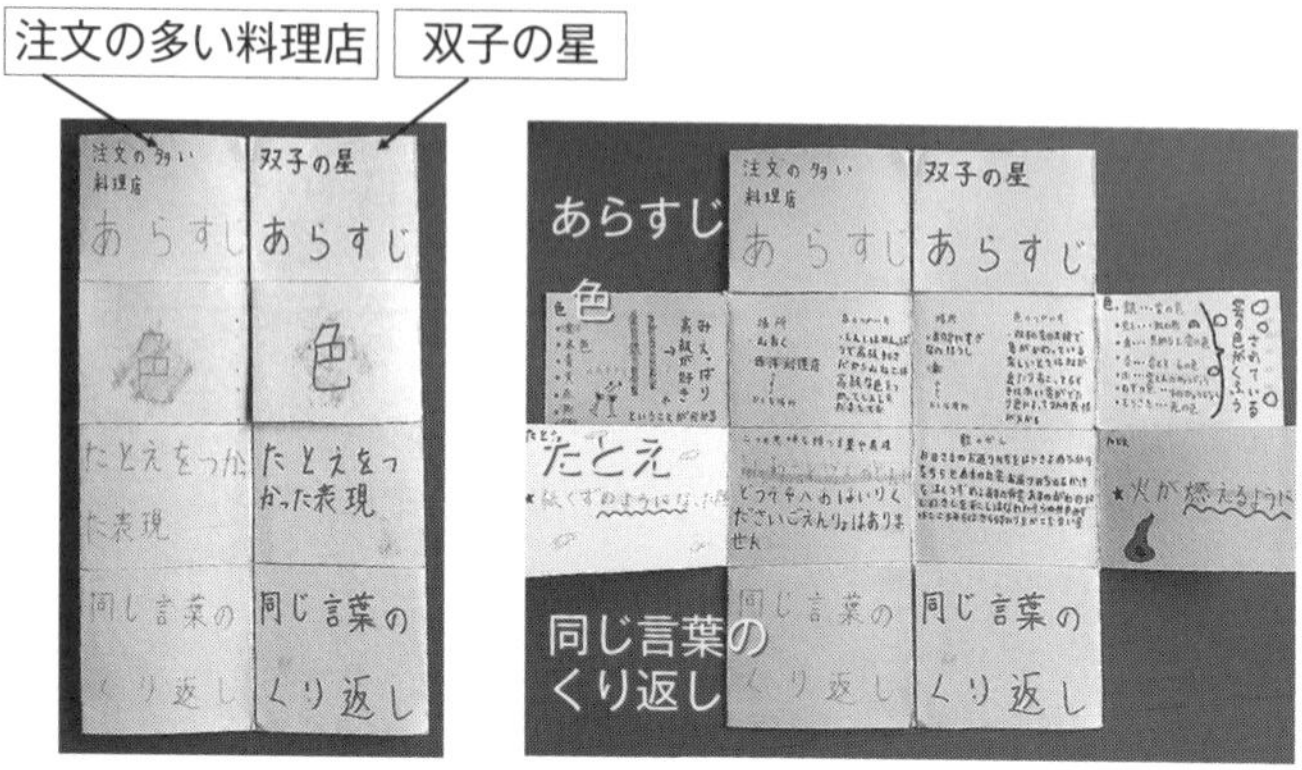

「工夫発見リーフレット」

「工夫発見リーフレット」は、「単元で扱った作品と同ジャンルの別の本を紹介する活動」で活用できる教材・教具です。

単元で扱った作品と、同ジャンル、または同一作者の異作品を、「色」「たとえ」「同じ言葉のくり返し」など共通の視点でリーフレットにまとめます。

視点には、その他にも「題名の意味」「2つの意味をもつ言葉や表現」「様子を表す言葉」「物語のしかけ」などがあります。これらの中から自分が気づいたものを選んでまとめていきます。

リーフレットは、写真のように、展開するとそれぞれの視点ごとに2つの作品のまとめが出てくるような仕組みになっており、楽しく活動することができます。

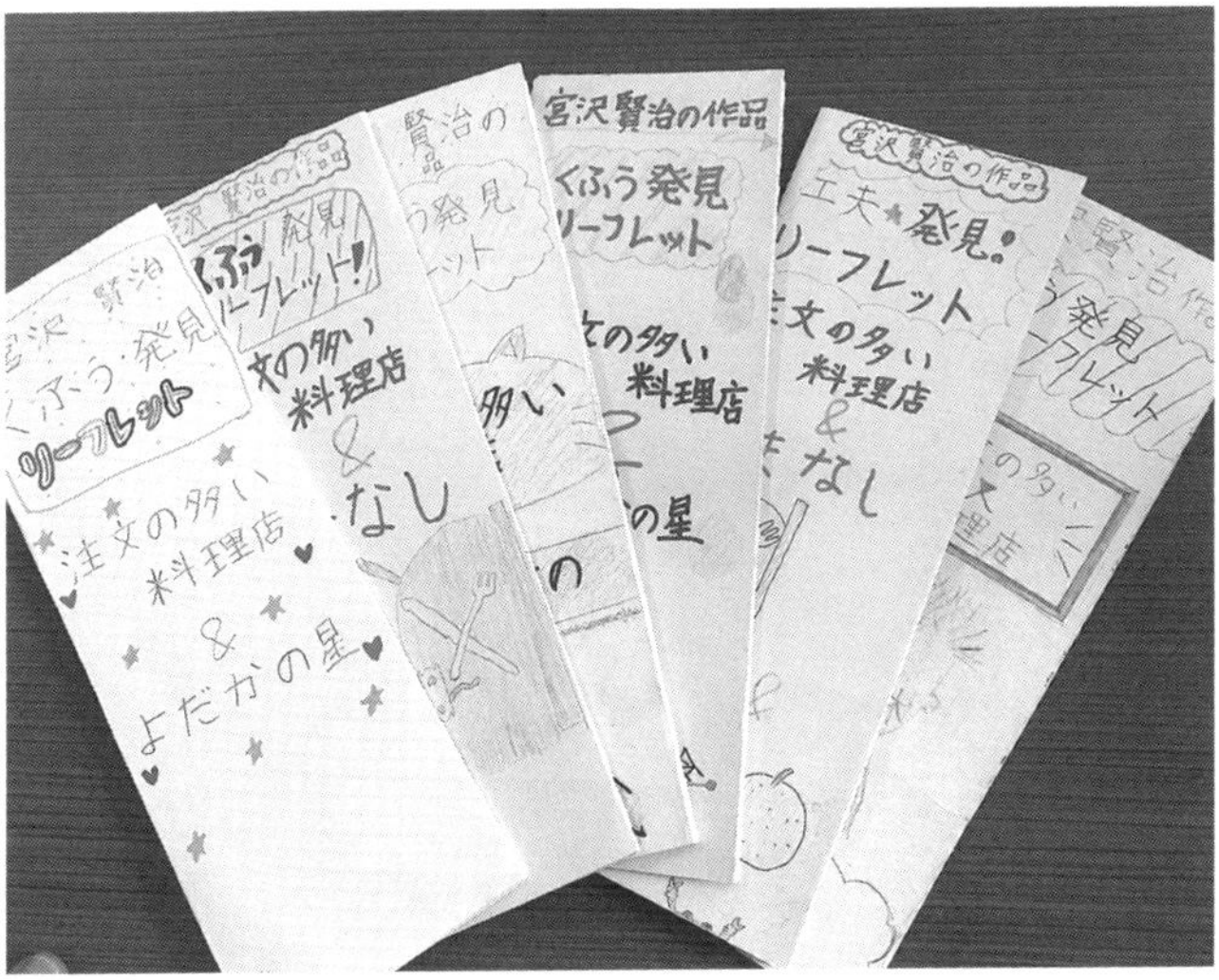

リーフレットが完成したら、まず、同じ作品を選んだ子ども同士でグループをつくり、リーフレットを基に交流します。同じ作品を友だちがどのように読んだのかを知ることによって、**読みの深まりを生み出すことができます。**

続いて、別の作品を選んだ友だちとも交流します。「工夫発見リーフレット」には、「あらすじ」も書いているので、まずは作品について簡単に紹介させます。この交流によって、多くの作品を知ることができ、**読みの広がりを生み出すことができます。**

構成の工夫で学力差のある子どもを助ける

言語活動を行う際につきまとう問題があります。それは、「子どもたちの学力差」です。発表会や作成物等の表現活動をすると、早くでき上がってしまう子どもと、すごく時間がかかってしまう子どもが出てきます。

これを解決するための教材・教具の工夫を2つ紹介します。

1つは、毎時間の授業で使うワークシートをそのまま台紙に貼り、身につけさせたい力に沿って表現活動を行う、という方法です。

もう1つは、あらかじめ準備シートに書き込ませたうえで、表現活動のときに転記するなどして活用していく、という方法です。これだと、何を書けばよいのかに悩んだりすることなくまとめていくことができます。

事例解説

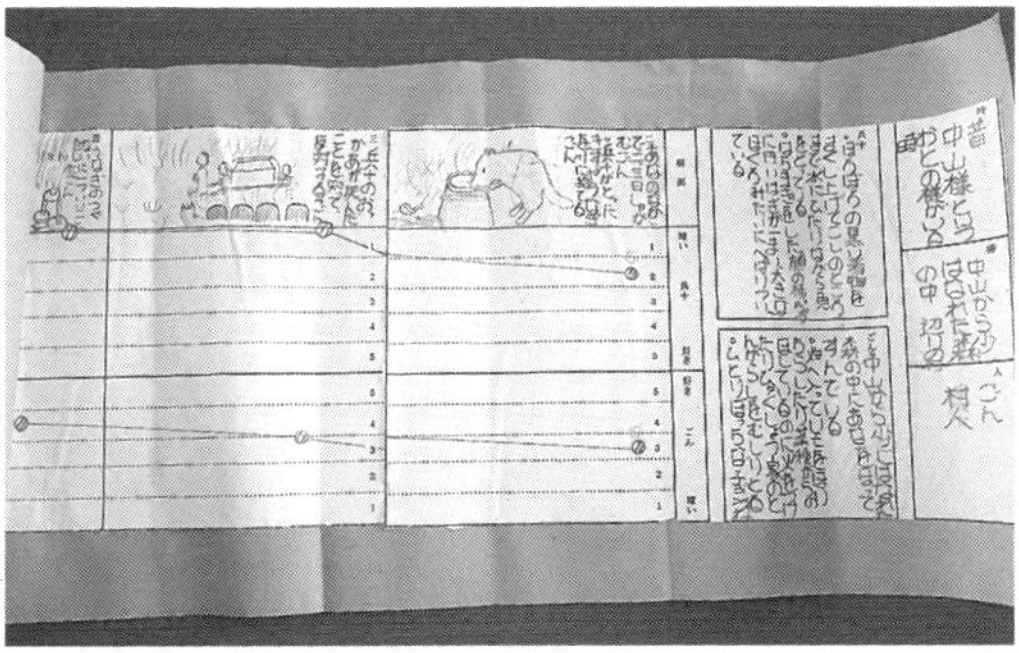

ワークシートをそのまま貼る

『ごんぎつね』の事例です。この単元で身につけさせたい主な力は「他の人物とのかかわり」を見抜く力です。ごんと兵十のかかわりを、心情曲線を毎時間押さえながら、ワークシートに書かせていきます。

単元の最後に、場面ごとに作成した心情曲線のワークシートをつなぎ合わせ、ごんへのメッセージを書いて、巻物にしていきます。

このように、毎時間のワークシートを活用することで、「つくる」という活動そのものにかかる時間を大幅に短縮できます。

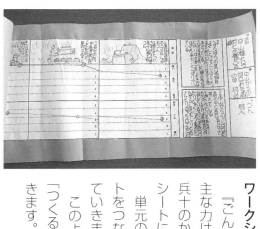

「準備シート」を活用する

左の例は、「自然のかくし絵カード」（下段）とその準備シート（上段）です。

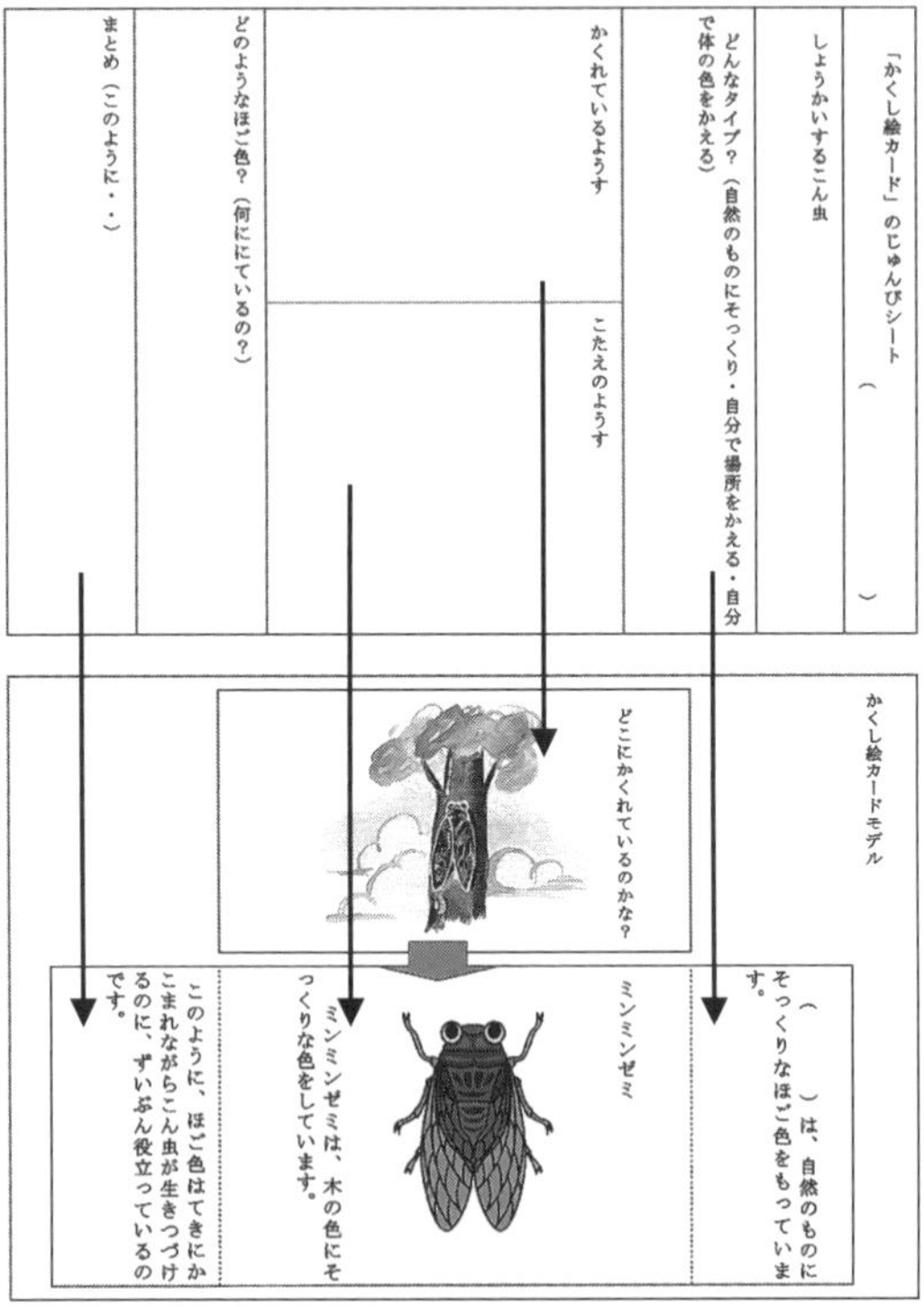

カードをつくるという段階になっていきなり一から考えさせるとなると、何もできない子どもが出てきてしまいますが、このようにあらかじめ準備シートにまとめさせ、それを教師がチェックしたうえで転記するという形をとれば、よりスムーズに活動を行うことができます。内容の質が高まることも、言うまでもありません。

第5章 音読指導の技術

Chapter 5

あらかじめ視点を与え、考えながら読ませる

物語の授業の最初に音読をさせることは多いでしょう。

さて、ではなぜ音読をさせるのでしょうか？

何となく音読をさせていないでしょうか？

「子どもに音読を上手にさせたい」と願う前に、**教師が何のためにここで音読をさせるのかを意識しておくことは大切**です。

その目的によって、音読の指導が変わってきます。

音読の指導には、２つの側面があります。

１つは、**内容面（ソフト面）**です。

もう１つは、**技術面（ハード面）**です。

まず、大事にしたいのは、内容面（ソフト面）です。

ただ、

「読みましょう」

と指示するのではなく、

「どこで場面が変わるのか、考えながら読んでみましょう」

「中心人物の心が大きく変わったのはどこだと思いますか？　考えながら読んでみましょう」

などと、あらかじめ読む視点を与えたうえで音読させます。

「音読しましょう」と言うと、子どもたちは無意識に字面だけを読んでしまいます。そこで、**あらかじめ視点を与え、考えながら読ませることで音読に内容理解も含むことができます。**

そして、子どもの音読を聞きながら、どこかキラッと光る場所を見つけて、まわりの子どもたちに広げていきます。

事例解説『おさるがふねをかきました』

『おさるがふねをかきました』（まど・みちお）の詩を例にとります。

教師の範読の後、子どもに音読をさせる前に次のように問います。

「この詩って楽しい詩かな？　悲しい詩かな？　どっちだと思う？」

子どもたちに挙手させ、立場を確認したうえで、次のように指示します。

「『楽しい詩だな』って思った人は楽しそうに読んでね。『悲しい詩だな』って思った人は悲しそうに読んでね。それではどうぞ」

こうして子どもに詩のイメージをもたせます。

子どもたちは自分のペースでめいめいに音読します。**一人ひとりの詩のイメージが違うので、このような場面では一緒にそろえて音読はしません。**

この後、学級全員の前で何人か1人で読ませます。

「『さかだちいっかい』っていうところが楽しそうな感じで読めていたね」

「『さみしいと』っていうところの言い方が、本当にさみしそうだったね」

このように、気持ちの入っている場所や、教師が素敵だなと思った場所をほめてまわりに広げていきます。

また音読は、授業の最初だけでなく、授業の最後にも取り入れます。

「今日は、みんなで『なんで1回しかさかだちしなかったのかな』とか、『「ふねでも」の「でも」って使うときは、どんなときなのかな』って勉強したね。最後にもう一度、この詩を読んで終わります。楽しい詩だなと思った人は楽しそうに、悲しい詩だなと思った人は悲しそうに読んでください」


1時間の学習で学んだことを、音読によって振り返ることができます。

『ごんぎつね』や『世界一美しい村』など、教材によっては、しっとりと素敵な授業の締めくくりとなります。

「ゆっくり読む」の感覚を覚えさせる

前項で述べた通り、音読の指導には、内容面（ソフト面）と技術面（ハード面）があります。

ここでは、音読を上手にさせる技術面（ハード面）についてお話しします。

物語文の音読指導のコツは、「ゆっくり読ませる」ということに尽きます。

早口にならないことが一番大切なのです。

もちろん、ゆっくりと言っても、

「わーれーわーれーは、うちゅーじーんーだー」

のように、ただ単に一文字一文字を伸ばせばよいというわけではありません。

単語としてのまとまりを考え、ゆったりと読み、言葉と言葉、文と文の間（あいだ）で

は間（ま）をどれだけとるのか考えなくてはいけません。

また、ゆっくり読むとなると、自然に声の質を考えざるを得ません。
同じトーンで読むと、棒読みのようになり、不自然になります。
そこで音読のときには、**音楽で歌を歌うときの歌声のように、声の高さをちょっと高くして読ませます。**

こうすると、自分の声をコントロールしやすくなります。

▼▼▼事例解説『土』

『土』（三好達治）の詩を例にとります。

この作品は4行の詩で、ひらがなの文字数に換算すると24字しかありません。

まず、難しい漢字を教えたうえで、「この詩を音読しましょう」と指示します。すると、題名・作者から本文を読ませても、最初は10秒程度で読み終えてしまいます。

すらすら読めることとは悪いことではありません。ですが、ちょっと指導を入れます。

「詩はゆっくり読んだ方が上手に聞こえます。

ただ、ゆっくりと言っても、『あーりーがー、ちょーうーのー……』と読んでしまうと、何だか変ですね。**ゆっくり、ゆったり読んでみましょう**」

このように指示すると、

「ありが（間を空けて）ちょうの（少し間を空けて）はねを（間をしっかりあけて）…」

と、行と行で間をとっていたり、「ああ」の部分を語りかけるように読んでいたりする子どもがいます。上手にゆっくり読んでいる子どもを見本としてみんなの前で読ませ、真似させていきましょう。

また、

「この詩を30秒で読んでみましょう」

と言い、立って音読をさせ、読み終えた子どもから座らせます。

せっかちな子どもは、すぐに読み終えて座ってしまいます。

そして、30秒経ったところで、

「今、30秒です」

と伝え、ゆっくり読む時間の感覚を教えます。

宿題の音読練習などでは、はっきり読んだり、すらすらと速音読したりすることも大切です。ただし、特に授業の最初の音読では、その後の内容理解にもつながるように、ゆっくりとした速さで読ませましょう。

「地の文」と「会話文」を意識させる

物語文は、「地の文」と「会話文」でできています。

子どもたちが音読をすると、「地の文」も「会話文」も同じ声、同じ読み方で読んでいる様子がよく見受けられます。

そこで、音読する際に、この「地の文」と「会話文」の読み方を変えるようにします。「地の文」と「会話文」で違いが出るように読むのです。

例えば、物語文の「地の文」は、多くは話者が語り進める形をとっています。ですから、説明文と同じように、書かれた文章を、ゆっくり、はっきり、正しく読めば十分です。

一方、「会話文」は、その言葉を語った登場人物がいます。

この会話文について、次のことをあらかじめ考えたうえで音読をします。

だれが言った言葉なのか
だれに言った言葉なのか

「だれが」「だれに」を意識するのです。

すると、自然に「地の文」と「会話文」の読み方に違いが生まれてきます。

もちろん、技術的には音読の声に次のような変化をつけることを教えるのも可能です。

●大きい — 小さい　●早い — 遅い
●明るい — 暗い　●高い — 低い　など

加えて、「地の文」と「会話文」を意識して読むと上手に読めるポイントがあります。

それは**「地の文」と「会話文」が切り替わるとき、「会話文」が続くときは、「かぎかっこ」と「かぎかっこ」の部分に間を空けて読む**ということです。音読に違いが生まれやすくなり、聞き手も「会話文が始まるな」と考えながら聞いてくれるようになります。

▼▼▼事例解説『お手紙』

『お手紙』（2年）を例にとります。この物語は会話文の多い教材です。ここに登場する「がまくん」「かえるくん」「かたつむりくん」の会話を、それぞれの登場人物に似合った声で音読するだけで、音読がグッと上達します。

まずは、「地の文」と「会話文」という用語を教えます。

「『いやだよ。』がまくんが言いました」という部分があります。ここで、「がまくんが実際に声に出して言った言葉はなあに？」と問います。

答えは「いやだよ」です。この「いやだよ」のように「かぎかっこ」の部分を「会話文」といい、「がまくんが言いました」の部分を「地の文」ということを教えます。**「『がまくんが言いました』ってがまくんが声に出して言ったら変だよね」**と言うとわかってくれます。

「地の文」「会話文」という用語を知ったうえで、会話文の「だれが」「だれに」がわかりにくいところなどでは「だれの会話かな?」「だれに言ったのかな?」と確認したうえで音読させます。

また、物語の文中に会話文が続く箇所があります。そうした箇所は特に丁寧に、だれの言葉なのかを確認しておきましょう。

全部の会話文を確認したうえで、

「それでは、会話文のところは、がまくんやかえるくん、かたつむりくんになったつもりで読んでみましょう」

きっと最初の音読よりもとても上手になっているはずです。子どものよいところを見つけてみんなの前で紹介してもよいでしょう。

また、『お手紙』は会話文だけでも十分に話が伝わります。がまくんとかえるくん、かたつむりくんの3人組(もしくは、かたつむりのセリフは2人で同時に読めば2人組でも可)になって、地の文を読まずに会話文だけで読んで練習することもできます。

このように、会話文を登場人物になりきって読むことで、物語の音読がとても上手になります。

朗読（語り）に挑戦させる

音読が上手にできるようになったら、朗読に挑戦させてみましょう。

「音読」は、正しく、はっきり、すらすらと読むことを目標とします。

「朗読」は、読み手が受け止めた作者の意図や作品の意味、場面の雰囲気、登場人物の性格や感情などを音読に加え、音声言語で表現する表現活動です。

単元の最後に「音読発表会を開こう」という言語活動を設定して授業を行う場合もあるでしょう。そんなときには、音読の先に朗読という表現方法があることを知っておくとよいでしょう。


また、二瓶弘行先生は、朗読をさらに一歩進めて子どもたちに「語り」という表現活動を行ってこられました。

「語り」と音読・朗読との違いは、**「相手意識」**です。語る子どもは、聞いてくれる学級全員の子どもに対して精一杯の工夫を伝えます。また、聞く子どもたちも仲間の語りを精一杯聞くことを意識させます。

また、音読・朗読では、文章を目で読んでもかまいませんが、**「語り」では、原則、暗唱**となります。

実際に朗読・語りを指導する際には、次の4つの視点を大切にしましょう。

①視線…聞き手に目を向ける。
②表情…顔の表情で場面の様子や人物の気持ちを表現する。
③速さ…語る速さの違いで表現する。特に「間（ま）」を意識する。
④声量…声の大きさを場面に応じて工夫する。

子どもたち一人ひとりのお気に入りの詩や名教材の冒頭部分やクライマックス部分を使って、語りに挑戦してはどうでしょうか。

事例解説『ごんぎつね』

朗読（語り）をするときには、前提として、暗唱をさせます。

まずは、朗読（語り）をするために、１人で作品に向き合います。

「みなさん、『ごんぎつね』のクライマックス場面が暗唱できるようになりましたね。この勉強は最後に『語り発表会』をします。１人ずつ、クライマックス場面を語ってもらいます。まずは、自分なりの語りができるために、どこの場所をどのように語ろうと思っているのかについて書き込んでください」

暗唱できるようになったら、詩や物語の文章に「どのように朗読（語り）をするのか」を書かせます。**自分で書くことによって、「読み方」を自分なりに意識化させせます。**

次のように伝えて、４つのことを意識させせます。

「『語り』をするときに、意識してほしいポイントが４つあります。

１つ目は、視線です。

２つ目は、表情です。

３つ目は、速さ・間（ま）です。

４つ目は、声量です。

この４つについて、どんなふうに語ろうと思うのか書いてください。自分なりの読み方になりますので、だれ一人として同じにはなりません。自分だけの語りをつくってみましょう」


例えば『ごんぎつね』を例にすると、教科書の本文の横に「大きな声」「だんだん小さな声で」「かなしそうに」「間を３秒」「目は下の方へ」と、**台本のト書きのように書き込みをさせます。**

練習のときは、ト書きを見て、４つの視点を意識しながら声を出します。

自分なりの語りができるようになったら、みんなの前で発表させます。１人ずつ、全員の顔が見える場所で語りをさせます。いきなり発表会をさせるのではなく、**毎時間数人ずつみんなの前で練習させておくとよいでしょう。**

ここで、聞く側の子どもたちの姿を指導しておきます。

「今から○○さんが語りを発表してくれます。みんなが聞いてくれるので『聞いてね！』と目に力を込めて語ってくださいね。聞いているみんなも、『○○さん聞いているよ！』と視線が合ったときに伝わるように聞いていてください」

1人で前に出て語る子どもは緊張しているはずです。**精一杯がんばって語ろうとしている友だちに対応するように、みんなも聞いてあげることが大切だと伝えます。**

語った後には「何かよかったところはないかな？」と、みんなに問いかけます。よかったところをみんなで共有しながら、学級全員の語りのレベルアップを図りましょう。

朗読（語り）は、読み手と聞き手の相互の関係がとても大切になります。朗読（語り）ができる学級は、自然とお互いの話を聞き合う素敵な教室空間になります。

第6章 発表指導の技術

Chapter6

全員で考えを共有して発表への自信を高める

発表をする際に、自信がないという理由から、自己の考えを発表することができないことがあります。自信がないというのは、「これで合っているのかなぁ」「どんなことを考えればいいのかなぁ」という不安な状況です。また、学級全体が発表しやすい雰囲気になっていないということも関係しています。こうした背景には、1人で考え続け、そのまま発表が始まるという流れがあるからです。

そこで、発表の前に、全員で考えを共有する活動を行います。この活動を行うことで、「あっ、自分と似た考えの友だちもいるな」といった自分の考えに自信をもつことができます。また、「こうやって考えればいいのか」といった、考える方向性が一気に定まることにもつながります。

考えを全員で共有して、子どもたちの自信を高めていくために、互いのノートを見て回る活動を設定します。全員が考えをノートに書けたら、ノートを机の上に広げたまま、全員で互いのノートを見て回ります。個々の考えにオリジナリティや相違があると、いろいろな友だちの考えを見てみたいという意欲が生まれていきます。

さらに、**見て回った後に、改めて自分の考えを見直す時間を取ると、友だちの考えを参考にした新たな考えを形成することができます。**

そして、全員で共有することで、学級全体に発表しやすい雰囲気も生まれていきます。友だちと話しながら見たり、質問し合ったりしながら見て回ることで、学級全体が考えを伝え合う空間となり、発表がしやすい雰囲気がつくられます。

この「話しながら」「質問しながら」共有するために、単に見て回るのではなく、「自分が一番納得した考えを探そう」や「聞いてみたい考えはどれかな?」といったように、**友だちの考えを見る視点をもたせることも重要**です。

全員で見て回り、共有する活動は、発表への心の準備と言えます。友だちの考えに触れ、考える、話し合うという過程が、子どもたちの発表への自信につながります。

事例解説『きつつきの商売』

『きつつきの商売』（3年）を読み、登場人物のしたことや様子から、音読の工夫を考える学習を例にとります。

音読を聞くと、子どもたちから工夫した読み方が聞こえてきます。「どうして、『うっとり』のところをゆっくり読んだの？」と聞くと、「うーん…、うっとりだから」とうまく言葉にできません。ここで、このうまく言葉にできないという点を学習課題にします。

子どもたちが「工夫して読みたいフレーズ」と、「その部分をどのように読むか」、そして「その理由」をノートに書きます。**短くてもよいのでセットで書かせます。**セットで書かせることで、オリジナリティのある考えとなり、この後全員で共有する際に、見てみたいという意欲につながります。

ノートに考えがまとまってきたところで、机の上にノートを開いたまま、全員で友だちのノートを見て回ります。この授業での見て回る視点は、「『この音読聞いてみたい！』と思う友だちの考えを探す」と設定しました。

この単元の学習ゴールは、登場人物がしたことや様子を読み取って、音読に生かすことです。したがって、自分の音読に生かせる友だちの考えを見つけるという意味で、「この音読聞いてみたい！」というところに焦点を当てました。

友だちの考えを見て回る中で、友だちとたくさんの話し合いが生まれます。自分と似たような考えや「おもしろい！」と感じる考えに触れることもできます。様々な考えに触れる中で、自分の考えに自信をもつこともできるし、発表する内容がより明確にもなります。

話し合いをしながら見て回るということは、自然な形で一度自分の考えを友だちに表出するということです。**「自分の考えを発表する練習をしよう」というよりも自然な形で発表の準備ができます。**

自分の考えを形成する中で、一度全員の考えに触れる活動が発表への大きな自信や発表しやすい雰囲気づくりへつながっていきます。

短冊を活用して全員に発表の機会をもたせる

子どもたちに学級全体に向けて発表をさせると、発表をする子どもは限られます。限られた子どもたちばかりで発表が行われていくと、発表する子どもと聞き手に回る子どもが固定化していきます。

こうした課題を解決していくうえでも、全員に発表の機会を保障することは重要になります。全員に発表の意識をもたせることで、学習への主体性にもつながっていきます。

しかし、全員発表を目指し、一人ひとり発表をすると、どうしても時間がかかってしまいます。そこで、短冊を使って全員で発表を行います。短冊で全員の考えが視覚化されることで、様々な考えを把握できるとともに、多様な考えが出てくる発表になります。

子どもたちは、自分の考えを短冊に書きます。そして、自分の考えが書かれた短冊を黒板に貼り出していきます。短冊は、考えつく限り、何枚も書いて貼ってよいことにします。

そうすることで、**「どんな意見も受け入れられるのだ」という安心感につながっていきます。**

言葉による発表で進めていく全体共有では、前述のように、一部の子どもに限られた話し合いになりがちです。それは、話し合いの内容についていけないという状況も生み出します。いろいろな考えが出てきて、聞いているうちに、それだけで精一杯になってしまい、消化しきれないのです。

しかし、短冊を貼り出すと、全員の考えを落ち着いて把握できるようになります。つまり、学級全員の考えを視覚化し、整理できるということです。ここで有効なのが、**短冊の分類**です。学級全体で短冊を分類すると、友だちの考えを把握できるとともに、学級全体の考えを整理できます。この「短冊を貼り出す」→「分類して整理する」過程を通して、全員が自分の考えを全体に発表し、友だちの考えを踏まえてさらに考えるという主体的な学習につながっていくのです。

事例解説『やまなし』

『やまなし』（6年）の十二月の場面の主題を考える学習を例にとります。
やまなしに着目して、五月と対比された十二月を読み解く場面で、「十二月の場面で、宮沢賢治が伝えたいことはなんだろう」という課題で、子どもたちは読み取りを行いました。

まず、子どもたちは、個人読みや友だちとの話し合いから、自分の意見を考えていきます。意見がまとまってきたら、短冊に書いて、黒板に貼り出します。意見は思いつく限り、どんどん短冊に書いていくようにします。

子どもたちから様々な意見が出てきました。ここで学級全員が自分の意見を短冊を使って発表し、学級全員の意見が視覚化されました。

そして、意見を分類していきます。分類すると、「自然の恵み」「自然の美しさ」「生命の終わり方」「自然の楽しさ」「季節の変化」などのグループに分けられました。短冊を使い、自分の考えが発表されているので、分類という活動を通して、友だちの考えと比べようとする意識が生まれます。

分類では、様々な話し合いが生まれます。

「自分も…のグループと同じこと言っているよ」

「この2つの意見は似てるよね」

などのように、**全員の意見が視覚化されていることで、多様な話し合いをしていくことができます。**

例えば、「自然の恵み」を伝えたいと考えている子どもたちの中でも、やまなしの「いい匂い」という叙述を根拠とした子もいれば、やまなしが落ちたときの「黄金のぶち」を根拠にした子もいます。このように、全員の意見の共有によって、多様な考えのおもしろさを感じることができます。

根拠を先に示すことで同じ土台で聞ける発表にする

発表は、発表する側から聞く側へ一方通行にならないように意識することが重要です。自分の考えを発表する際に、

「ぼくは、大造じいさんの残雪への見方は、銃を下ろしたときに変わったと思います」

これだけでは、一方的な考えを述べているだけです。

これでは、聞いている側も「…」と沈黙して聞き、教師の次の言葉を待つか、「いいと思います」といった反応があるだけでしょう。

こうした一方通行の発表ではなく、発表は、**発表する側とそれを聞く側の双方向で行っていくことが重要**です。発表を双方向のものとしていくためには、発表する側と聞く側で、同じ土台の上に立つことが必要なのです。

同じ土台で発表を行うというのは、聞く側に発表を聞く必要感が生まれていることを指

します。そのために、まず自分の考えをもたせる際に、根拠となる叙述に線を引かせます。一文すべてを根拠とするのもよいですが、**できるだけ短い言葉に限定した方がより考えにオリジナリティが生まれます。**教師としても、根拠から考えの違いを見取りやすくなり、意図的指名による発表にもつながります。

そして、発表を行う際、自分の考えの根拠となった物語の叙述を最初に示してから、考えを述べさせていきます。

「〇ページの□行目を見てください。ここでは…と書いてあるから、…だということだと思います」

といったように、自分の考えはどの叙述を根拠としているのかを最初に示すことで、聞く側も自分の考えと比べながら聞くことができます。

また、機械的に根拠を最初に示すよりも、「〇ページの□行目を見てください。ここでは、…と書いてありますよね?」といったように、**聞く側と会話をするように根拠を示すことで、より発表が双方向で行われます。**

このように、根拠を最初に示すことで、発表する側、聞く側が同じ土台に立つことができ、双方にとって学びのある発表となっていくのです。

▼▼▼事例解説『大造じいさんとガン』

『大造じいさんとガン』（5年）の、大造じいさんが残雪を撃たなかった場面を例にとります。

「大造じいさんの残雪の見方が変わったのはどこですか？」

まず、この発問に対する自分の考えをもたせる際に、叙述をしっかりと読むことからスタートします。きっと、子どもたちは、発問に対して様々な考えをもち、すぐにでも発表したいという子も出てくるでしょう。しかし、**まずは根拠に線を引かせます。**この過程が重要です。子どもたちには、あらかじめ、自分の意見が想像にならないように、根拠を示すことの大切さを伝えておくとよいでしょう。

そして、根拠となる叙述に線を引き、自分の考えをもったところで発表です。

ここでも、

「銃を下ろしたところです。銃を下ろしたところということは…」

といった発表では、聞く側は「どこのこと言っているのかな?」と根拠探しから始まるため、発表を受け止めるというよりも、ただ聞いて終わってしまう状況になりかねません。

ですから、叙述を正確に示すところから発表を始めます。

「〇ページの□行目を見てください。『なんと思ったか、また、じゅうを下ろしてしまいました』と書いてありますよね? 『なんと思ったか』のところで気持ちが変わったと思います。さっきまでは、銃でねらっていたのに、下ろしたということは、撃つ気がなくなったということだから、ここで気持ちが変わったと思います」

根拠を最初に示すことで、どの叙述から考えたのかが明確になり、発表する側と聞く側どちらにとっても、発表の内容が整理されていきます。

簡単なことですが、とても重要な手順と言えます。

ネームプレートで自分の立場を明確にさせる

発表をするためには、自分の考えを明確にしておく必要があります。しかし、最初から自分の考えをうまくまとめられる子は少ないでしょう。そこで、考えがうまくまとまっていなくても、まずは自分の立場を明確にさせます。「自分は、今のところは、こんなふうに考えている」といったように、**自分の現時点での立場を表明することにも大きな価値があります。**

実際の授業の中で、発問に対して、「それでは、それぞれ考えて、ノートに書いてみよう」と学習を進めると、すぐに考えてノートに書き始める子や、友だちと対話を始める子がいます。その子たちは、発問や課題の意図を理解し、自分の考えをある程度うまくまとめられていると言えるでしょう。

しかし、そのまま学習を進めていくと、考えをもてないまま、発表できずに終わってしまう子が多くなってしまいます。

そこで、まずは自分の立場を明確にするために、ネームプレートを活用します。

ネームプレートで自分の立場を明確にすることは、発表における「意見」の部分を明確にすることと同じです。つまり、明確にした自分の立場は、発表する際の「私は、…だと思います」という部分に当たるのです。

この「意見」をスタートにして、どこを読んでそう思ったかという叙述に基づいた根拠、なぜ自分がそう考えたかという理由を考えていきます。このように、**ネームプレートで立場を明確にすることで、「…を読むとわかるように」「どうしてそう考えたかというと…」と、発表の流れをスムーズにつくっていくことができる**のです。

また、ネームプレートを活用する際には、例えば「Aだと思いますか、Bだと思いますか」という二項対立だけでなく、「第三の考え」、つまり**「A寄りだけど、Bの要素も入っている」といった細かいニュアンスまでも表明できるようにすることが重要**です。その細かいニュアンスは、ネームプレートを貼る位置で表明できるようにしていきます。

こうしてネームプレートの位置で細かいニュアンスを表明することで、友だちと自分の意見の違いが視覚化されます。そして、友だちの意見との違いは、いわば、自分の意見のこだわりポイントです。そのこだわりポイントに気づくことで、さらに発表したいという意欲にもつながっていくのです。

また、自分の意見を変えたくなったら、いつでもネームプレートを貼る場所を変えられるようにするとよいでしょう。

いつでもネームプレートの位置を変えられることで、友だちの発表や話し合いを通して、変化した自分の立場を明確にしていくことができます。すると、「○○さんは最初とまったく違う意見に変わったけどどうしてかな?」「□□さんが、少しだけどネームプレートの位置を変えたのは何でだろう?」といったように、「友だちの発表を聞きたい」という意識にもつながっていくのです。

立場を明確にすることは、このように、発表するための重要なスタート部分です。

事例解説『注文の多い料理店』

『注文の多い料理店』（5年）で、紳士たちの性格は最初と最後で変わったかを話し合う学習場面を例にとります。

まず、自分の意見（紳士の性格は変わったか、変わっていないか）を考えて、ネームプレートを貼ります。ここで、「変わった」「変わっていない」の二項対立ではなく、**「少しは変わった」「まったく変わっていない」などの細かいニュアンスをネームプレートの貼る位置で、明確にさせます。**

黒板の真ん中に線を引き、「ここが真ん中だよ」と伝えると、少し変わったと思う子は、真ん中寄りの「変わった」のところに貼るなど、自分の意見を明確にすることができます。

ネームプレートを貼ることで、細かいニュアンスをもつ意見も視覚化されます。明確になった意見を基に、「どこを読むとわかるか」「どうしてその意見になったか」を考えていきます。

ネームプレートを貼り、「変わっていない」の中でも「あまり変わっていない」という意見が明確になったことで、発表の流れをスムーズに考えていくことができます。これには、発表を聞く側にとっては考えを捉えやすくなるという利点があり、発表する側にとっては、発表する自分の考えを整理しながら形成していくことができるという利点があります。

ここでは、

「私は、紳士の性格はあまり変わっていないと思います。○ページ□行目に書いてある『おうい、おうい、ここだぞ、早く来い』という部分から、言葉の使い方が偉そうで、上から目線だからです」

というように、より明確な発表をすることができます。

発表を聞く側にとっても、ネームプレートによって意見がある程度明確になっているので、根拠や理由に集中して聞くことができます。

第7章 話し合い指導の技術

Chapter 7

「手段」としての話し合いの生かし方を検討する

物語文の授業において、しばしば見かけるのが、話し合いが目的になってしまっている授業です。

一見、話し合いが活発に行われており、授業に活気のある印象があります。

しかし、何を学んだのか、一人ひとりの読みがどのように変容したのか、学習材の何をどう読み深めたのか、といったことが曖昧になってしまっています。

原因として考えられることとして、**物語文の指導内容が見えにくい**という点があります。

算数であれば、「角のかき方を身につける」とか「複雑な形の面積を求める」などのように、指導内容がはっきりしています。

しかし、物語文の授業では、その時間に何を身につけさせるのか、何を本時の学びとするのかがどうしてもはっきりしないのです。

これは教科の特性かもしれません。物語文の学習は、一つひとつの物語の世界観や作者の個性や意図、個々の経験や思考の仕方の相違など様々な不確定な要素が絡んできます。それをさらに1時間ずつ細切れにします。よって、物語文の指導内容は抽象的になりやすいのです。

また、物語文は指導内容の系統性がわかりにくいこともあげられます。指導内容の系統性とは、「この学年のこの単元では○○を学んで、次の学年では、前学年で学んだ○○を生かして△△を学んで…」といったことです。例えば、算数の体積の学習では、面積で学んだ「縦×横」という求め方を生かし、新しく「高さ」の要素を加えることによって、体積の概念や求め方を学習します。このような明確な学びの系統性がわかりにくいことも、物語文の学習の特徴と言えます。

このような状況では、物語文での話し合いが目的になってしまいがちなのは、必然かもしれません。

新学習指導要領の「読むこと」の低学年の指導事項「構造と内容の把握」は、次のようになっています。

イ　場面の様子や登場人物の行動など、内容の大体を捉えること。

「内容の大体を捉えること」とはどういうことなのでしょうか。

また、どうなったら内容の大体を捉えたと言えるのでしょうか。

この抽象的な指導事項を受けて、**指導者は1時間の授業で何を考えさせれば、何を話し合わせれば「内容の大体を捉えること」につながるのかを明確にしておかなければいけません。**

例えば、

「『お手紙』において、かえるくんはなぜ、かたつむりくんに手紙を託したのでしょうか？」

このことについて考え、話し合うことによって、考え、話し合う前よりも『お手紙』の何がわかるようになるのか、何を捉えることができるようになるのかを、指導者が明確にしなければならないのです。

話し合いはその目的のための手段となります。

事例解説『大造じいさんとガン』

新しい学習指導要領の「読むこと」の高学年の指導事項「構造と内容の把握」は、次のようになっています。

イ　登場人物の相互関係や心情などについて、描写を基に捉えること。

『大造じいさんとガン』（５年）に照らし合わせると、大造じいさんと残雪の関係の変化や、大造じいさんの残雪に対する心情の変化について、本文の描写に着目して理解できればよいということがみえてきます。

そこで、残雪への呼称の描写に着目させることになります。

「いまいましい」

「たかが鳥」

「残雪め」

「ただの鳥ではない」

「がんの英雄」

「えらぶつ」


呼称を列挙することは、話し合いの対象にはなりません。一人ひとりに探させ、全員を話し合いの土俵に乗せます。

全員がそろったところで、次のような課題に結びつけます。


「なぜ、大造じいさんの残雪の呼び方が変わったのだろう?」

「椋鳩十さんはなぜ残雪の呼び方を変えていったのだろう?」

「全部『残雪』だとだめなのかな?」


ここで、話し合いの出番になります。

学習者にとっては他の人の考えも聞いてみたいとき、指導者にとっては少し難しい学習課題に挑戦させたいときに、話し合いが手段として輝き出します。

話し合いの目的を子どもに意識させる

国語の授業で、話し合いは重要な学習活動です。ことに物語文ではなおさらです。
では、なぜ物語文の授業において話し合いが重要な学習活動になるのでしょうか。
それは、「話し合い」には次のような「ＣＡＮ」の力があるからです。

・自分だけではないそれぞれの様々な考えを交流することができる。
・考えを交流することによって新たな考えやよりよい考えに気づくことができる。
・自分の考えを形成するきっかけを与えることができる。
・一人ひとりに発言をする機会を与えることができる。

そして、これらの「ＣＡＮ」の経験を積むことによって、人間関係がはぐくまれ、思考力が高まり、協働の心が培われていきます。

このように、話し合いは学級づくりを支える大きな柱にもなる学習活動であると言えるのです。

物語文の話し合いにおいて「何のために話し合うのか」の意識がないまま話し合いの形をなぞっている場合があります。

教師の頭の中には「何のために話し合うのか」がもちろん明確にあるはずです。しかし、子どもの頭の中は、課題への追究でいっぱいになってしまい、「今この話し合いがなぜ必要なのか」「この話し合いがどんな意味をもつのか」といったことが明確になっていない場合があります。

このように、**「何のために話し合うのか」を子どもに意識させることは大切**です。何のために話し合うのかが明確になっていれば、話し合いが空中分解することなく、着地点が見えてくるようになります。子どもにとって着地点が共有できるような話し合いが、物語文における有効な学習活動と言えます。

「何のために話し合うのか」は大きく分けて2つあります。

1つ目は、**「課題についての答えの可能性を広げる話し合い」**です。「その課題について、どのような考えや答えが生み出されるだろうか」「友だちはどのように考えたのだろうか」「もっといろんな考えはないだろうか」というような話し合いです。

2つ目は、**「課題についての答えの妥当性を深める話し合い」**です。「その課題について、どの考えや答えが正解なのだろうか」「よりよい考えはどれなのだろうか」「どうしてこの考えが適切なのだろうか」「どうしてこの考えはよくないのだろうか」というような話し合いです。

今から行う話し合いに、「可能性を広げる話し合い」なのか「妥当性を深める話し合い」なのかを意識して臨むことは、話し合いの展開や内容に大きく作用します。そして、話し合いの着地点が、話し合いの最中に子どもの中におぼろ気ながらみえてくると、着地点を共有できるようになり、話し合いが「深い学び」につながる学習活動になったと言えます。

事例解説『やまなし』『海の命』

『やまなし』(6年)では、かにの兄弟の会話に「クラムボン」という賢治の造語が登場します。ここで**「クラムボンの正体は何でしょう?」**という発問が俎上に上がります。この発問は、正体の結論が出ていないことから、正解がない悪しき発問として認識されています。

しかし、着地点を定めればなかなかおもしろい発問になります。この発問は、「可能性を広げる話し合い」の例となります。

「そんなの、プランクトンに決まっている。またたくさん出てくるのだから」という決めつけよりも、もっと解釈の可能性がないかを話し合わせるようにします。

「親しそうだから小さなカニかもしれない」
「泡が場面で出ているから泡に名前をつけたのかも」
「流れてきた小さな葉っぱはどうだろう」

「クラムだから貝の赤ちゃんかも」
「光のゆらゆらとも考えられるよ」

このように可能性を広げられるのはなぜなのかを考えさせたときに、賢治特有の表現の豊かさにたどり着きます。賢治が造語で表現したことによって、答えのない様々な想像が読者にイメージされます。賢治は作品世界の中に、読者が豊かに想像できる空間をつくりたかったのかもしれません。また、そのことによって、作品全体において自然界のつかめないミステリアスさを醸し出しているようにも感じます。

というように、クラムボンの正体を考える「可能性を広げる話し合い」から、作者の特徴を捉えたり考えを想像したりする「深い学び」につながる流れになります。

『海の命』（6年）では、主人公の太一が、瀬の主に対峙しながら葛藤の末、もりを下ろすクライマックスの場面があります。ここで**「どうして太一は瀬の主にもりを打たなかったのか？」**という発問が俎上に上がります。

この発問は、作品における最大の課題になります。それは、様々な解釈をもち、これまでの細部に至る読みを根拠に読み解く課題だからです。

そしてこの発問は、「妥当性を深める話し合い」の例となります。

学習者から出された考えについて、話し合いを通して、妥当性の高い読みにしぼっていきます。例えば、「瀬の主」を「父」そのものと捉えたという読みであれば、「こう思うことによって、太一は瀬の主を殺さないで済んだのだ」という箇所の文意が正しく捉えられていないことが伺えます。つまり、答えとしての妥当性が低いことになります。

そのような話し合いを全体で進めていくことによって、読みの力は高まっていきます。1人の読みでは到達することができなかったところへ、話し合いを通して到達できるようになるのです。

「可能性を広げる話し合い」で複数の考えや意見を見出し、「妥当性を深める話し合い」でしぼって納得解を得ていくような授業の流れも一般的です。大切なのは、**子どもがどちらの話し合いを何のために行うのかを自覚しているということ**です。

話し合いの形態を使いこなす

教師と子どもが話し合いの意義を共有することができたら、いよいよ話し合いの実践です。

一般的に、話し合いには次のような形態とそれに見合った効果があります。

ペア

隣の席同士の話し合いです。気軽に短時間に、ちょっとした考えの交流や確認をします。おしゃべりのような感覚で話し合うのがコツです。

ペア同士で差が生じないように、気軽さを壊さない程度のルールが必要です。そのルールは次の2つです。

・2人が話すこと。
・沈黙をつくらないようにすること。

参加意識を高めるためにも、高い頻度で使います。授業にリズムをつくるために、**短時間で切り上げるのがよいでしょう。**

4人グループ

グループでの話し合いです。生活班が学級の基盤となっている場合は、グループでの話し合いの経験を積むごとに話し合いに慣れてきます。様々な考えや意見に触れさせたいときに使います。

グループで1つの考えや意見を示させるときにも使います。その際は、**グループの中で埋もれてしまったキラリとした個の考えや意見がないか気を配ることが大切**です。

ペアの場合は、話し合いの入り口だったり慣らしであったりしますが、グループでの話し合いは、判断や答えだけはなく、その判断や答えに至った理由や根拠を加えた深い内容の話し合いになります。

全体での話し合い

学級全体での話し合いです。教師のコーディネートが話し合いの良し悪しを決定します。多くの考えや意見を一人ひとりに触れさせるのがポイントになります。

グループごとに1つの考えや意見を示させている場合には、各グループの考えや意見を消化することが大切です。

1つの解に到達していきたいのであれば、考えや意見を強引ではない形で集約していく技術も大切になります。

いずれにしても、**子どもから多くの声を出させることが重要**です。

このように、ペア・グループ・全体の形態で話し合いを進めていくのが一般的です。

また、課題や学習者の様子から、いきなりグループでの話し合いを進めたり、ペアから全体の話し合いに移行したりなど、形態を選択して話し合いをすることも実際の授業では多くあります。

物語文での話し合いでは、次のような形態も有効です。

3人組

3人組での話し合いです。1人は客観的に話し合いを聞くことができるため、一方向的なペアでの話し合いよりも深まりが増します。また、4人グループよりも1人が話す場面が多く確保され、1つの考えにまとめやすくなります。

ペアの話し合いよりも深い内容になり、4人グループの話し合いよりも気軽に行えるという**ハイブリットな利点**があります。

同じ考え同士

同じ考え同士でグループをつくり、違う考えのグループ同士で討論をします。机を離れて、前・後・窓側・廊下側等に分かれて、顔を見合わせます。人数の少ないグループから、根拠を基にして考えを出し合います。

自分の考えが変わったら自由に移動をさせます。**考えを変えることも大切な学習であることを日常の生活で伝えておくことが大切**です。

自分の立場が表明されるために、お客さん状態の学習者がいなくなります。一人ひとりの発言にも真剣に耳を傾けるようになります。

少人数→全体→少人数

話し合いのセオリーとして、少人数での話し合いから全体での話し合いに移行するというものがあります。

そのセオリーを少し変えて、全体での話し合いで新たな課題が発生した場合に、再び少人数に戻して話し合うという形態の変化のことです。

子どもの思考に沿った話し合いになり、理解につながるという利点があります。

子どもから、全体での話し合いの中で「少人数で話したい」というような声が出ればしめたものです。**話し合いの形態の変化に慣れ、課題に集中して向かっている姿勢であると捉えられます。**

事例解説『大造じいさんとガン』

「少人数→全体→少人数」の事例を、『大造じいさんとガン』（5年）で解説します。はじめの課題として、「大造じいさんの作戦はひきょうか」という内容を提示し、少人数で話し合わせたとします。

大造じいさんが考え、実行したのは「タニシをつけた釣り針をしかける作戦」「タニシをばらまき小屋からねらう作戦」「おとりのガンを使って捕らえる作戦」の3つです。

これらの作戦は「ひきょう」なのか「堂々としている」のかを少人数で話し合い、全体での話し合いに移行します。

全体での話し合いの中で、**意見の相違から自分たちの目線で「ひきょう」「堂々」を捉えていたことに気づかせます。そして再び、大造じいさんの目線で一つひとつの作戦はどちらなのかを少人数で考えます。**

大造じいさんは狩人であり、生きていくためにガンを捕らえなければなりません。目線が変わったときの話し合いは、作品世界を深く捉えるものになります。

話し合いを言葉かけでコントロールする

物語文の学習での話し合いをより活性化するポイントとして、子どもの発する言葉と教師の発する言葉があります。

様々な言葉を話し合いの中で意図的に使用することによって、自分の中の自然の言葉に進化させ、話し合いで効果的に作用するようにしていきます。

子ども

「例えば」……………身近な例や自分の経験に置き換えて説明する場合。

「つまり」……………事実からどのような事項が見いだせるのか、自分の考えにつなげることができるのかを説明する場合。

「でも」………………出された意見や考えを批判したり別視点から述べたりする場合。

「もしも」………仮定して自分の考えや意見に根拠を求める場合や、視点を変えて新しい着眼点を示す場合。

「言いかえると」……出された意見や考えについて、わかりやすく捉え直して方向性を示す場合。

「まとめると」……出された意見や考えについて、集約して示す場合。

「要するに」………出された意見や考えについて集約しつつも次の展開に生かす場合。

「比べると」………出された意見や考えを比較する場合。

「～が似ています」…出された意見や考えの共通点を見いだした場合。

「～が違います」……出された意見や考えの相違点を見いだした場合。

「～から考えると」…事例や事実から自分の意見や考えを形成した場合。


このような言葉を話型として掲示するのも1つですが、掲示された話型に気をとらわれずに自由に話し合わせたいものです。

ですから、話し合いの中で自然に出てきた瞬間を捉え、取り上げて全体のものにする、または、場面を捉えてどのような言葉を使えばよいのかを考えさせるのはどうでしょう。

そのような場面を積んでいくことによって、話し合いに効果的な言葉を身につけていくのがよいと考えます。

次に、教師はどのような言葉（言葉かけ）を話し合いの中で使っていくのがよいのでしょうか。

教師

「なるほど」………共感の意を伝える。正解を示すわけではないので多用できる。学習者が安心して話せるようになる。

「どこから」………意見や考えの根拠となる叙述を示させる。根拠となる叙述を示すことの大切さを伝えることができる。

「どうして」………意見や考えの理由を示させる。理由を示すことの大切さを伝えることができる。

「どういうこと」…出された意見や考えを、さらにわかりやすく示させる。全体の理解につながる。

その他にも、「意見や考えに対してわざと誤った解釈を述べて、さらに意見や考えをクリアに説明させる」「出された意見や考えについて、他の人はどう思うか広げる」など、言葉かけのスキルで、全体の話し合いをコントロールすることができます。

いずれにしても、**子どもの声に真摯に耳を傾けることが大切**になります。

話し合いをツールで活性化する

話し合いのツールを使うことも効果的です。学習者が話しやすい環境を整えることは、これからの学習にとても必要な視点です。

1つ目は、**「グループの話し合いを可視化する画用紙」**です。

これは、グループの話し合いにおいて、一人ひとりの意見や考えを出し合い、グループの判断としてまとめる際に有効です。

一人ひとりの意見や考えを書いた付箋を貼るスペース（周辺）と、グループの意見を表すスペース（中央）を画用紙上で区切ります。

付箋を基に一人ひとりの考えを出し合い、最も有効な考えをグループの判断として中央に示します。

個人の考えが視覚的に残るという利点があります。音声では消えてしまう個人の考えや意見を残すことができます。

また、グループの話し合いの経緯が見えるという利点があります。

グループでの話し合いのマイナス面として、各グループでの話し合いがどのように進行したのかを見取れないという点があげられます。

そのマイナス面をカバーする話し合いのツールであると言えます。

2つ目は、**「グループの顔が見える丸い模造紙」**です。段ボールでできたものは、「えんたくん」という名称でコミュニケーションツールとして広まっています。

私の学級では、模造紙を円形に切って手軽に使っています。いつもの机を合わせたグループでの話し合いより、もっと親密感が出ます。距離が近くなるからでしょう。

言葉をどんどん書き留めます。自分の前にある模造紙が、そのまま書いて表現するスペースになります。自分の考えや意見だけではなく、他の人の考えに対する考えもメモすることができます。

最大の利点は、書き終わった後に自由に歩き回って、他のグループの書き表したものを見ることができるという点です。

このツールもグループでの話し合いのマイナス面をカバーすることができます。学習者の書く能力が

必要になってきますが、話し合いを活性化するツールとして、大きな可能性を秘めています。

第8章 ノート指導の技術

Chapter8

段階をしっかり踏んでステップアップしていく（入門期）

1年生のノート指導は、まず板書を丁寧に写すところから始まります。他学年であれば、前の学年までの指導の貯金があり、特にノート指導を意識しなくても授業をスタートさせていくことができることもありますが、1年生ではそうはいきません。1年生のうちに、「ノートはどのようにまとめていけばよいのか」ということを学んだり、「ノートにまとめることのよさ」を実感したりすることが大切です。これが中・高学年でのノートづくりに大きな影響を与えると言っても過言ではないでしょう。

ここで1つ確認しておきたいのが、**「1年生」と「低学年」をひと括りに考えて指導しない**ということです。つまり、1年生と2年生でのノート指導は違うということです。

1年生は、ひらがななど、文字の練習からノート指導が始まると考えてよいでしょう。文字をますの中に正確に書くことは丁寧に指導していきます。

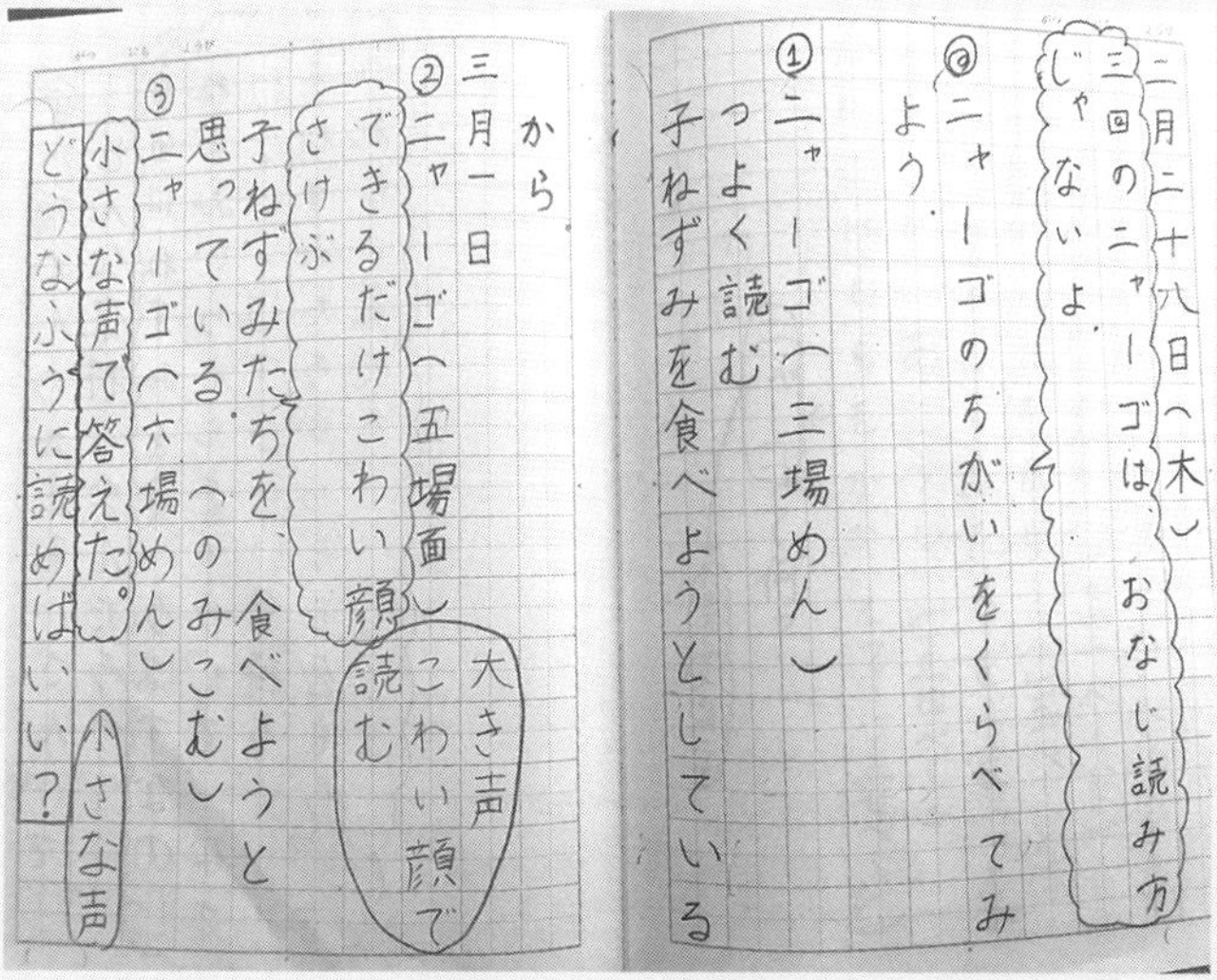

次に、子どもたちが書くことに慣れてきたら、実際にノートにどんどん書かせていきます。基本的には板書を写していくという形です。写真は2年生のノートですが、ノートに書くという技術をしっかり身につけさせていくことが、学年が上がったときのノートづくりにもつながっていきます。

1年生の最初のうちは、黒板を丁寧に写させるところから始めますが、指導者側の意識も重要です。1年生のノート指導の流れとしては、

①黒板に書いてあることを、丁寧に写していくことができるようにする。視写を数多く行う。

②ノートに自分の考えたことを書くことができるようにする。授業のふり返りなども書く。
③ノートを使って交流ができるようにする。対話的な活動に活用する。

というように、段階を踏んでステップアップしていくとよいでしょう。

そのほかにも、**ノートのマス目の数と、黒板に書く文字数を合わせるのは必須**です。また、ノートはリーダー線が入っているものにすることで、ひらがな練習と連動させることができます（リーダー線が入っていると1つのマスを四分割して指導できます）。

1年生のうちは、「黒板に書かれていることのこの部分は写す。この部分は写さない」というような指示も出すとよいでしょう。そうしないと、必ず「写すのですか？」と聞く子や、どこまで書いたらよいのかわからなくなる子が出てきます。

最初は、書き方やどのようなことを書くのかを教え、段階を踏んでステップアップしていくことで、ノートに書く質と量の向上が見られるようになります。一年生のうちに身につけたことは、これからのノートづくりの土台になっていきますから、大変重要な意味をもっています。

事例解説

付箋を使った交流

1年生も後半になってくると、ノートを使って考えの交流ができるようになってきます。そこでは、付箋を活用するのがおすすめです。付箋のよさとしては「管理がしやすい」「貼ったり剥がしたりが手軽にできる」「枠が決まっているので最初から書く量を調節できる」といったことがあげられます。

ただし、付箋にどんなことを書くのか、明確な指示を出すようにしましょう。感想を書くにしても、その観点がないと発表の内容面に触れられず、形式面のみにとどまったものになってしまうことがあるからです。例えば、読みの授業で感想を伝え合うということをしたのに、付箋に書かせた感想に「発表の声が大きくてよかったです」というようなことばかり書かれているようなことがあります。これは、単純に「感想を書いてごらん」と指示したためです。**大切なのは、どんなことを、どのように（どのくらい）書かせるのかということ**です。

学級で物語を読んだ後にお話づくりをするという授業を行ったときのことを例にして述べます。ここでは、学習の最後に、自分のつくったお話を友だちに紹介するという活動を行いました。まずは、隣同士で紹介し合い、その後は自由に交流するという形です。そこでは、次のような観点を示しました。

・お話を読んでおもしろかったところ
・お話を読んで、工夫していると思ったところ
・お話を読んで、今度自分が書くときに真似したいと思ったところ

このように観点を絞ることで、何を伝え合えばよいのかがはっきりします。自由に話をさせることも内容によってはありますが、1年生であれば、「どのようなことを伝えるのか」をはっきり示した方が、迷うことなく活動に取り組むことができます。

また、書くときも同じで、書くための目的意識が重要です。ここでは、後で交流して感想を伝え合うということを目的にしました。このように示すことで、どのようなことをノートに書けばよいかはっきりします。

この付箋での交流は、他学年でも効果的です。書く量が多くないので書きやすさがあり、短い言葉を選びながら端的に相手に伝えようとするからです。また、書いてもらった付箋を貼ったり剥がしたりが簡単にできるため、自分でノートをレイアウトしようと工夫する意識を育てていくことができます。

いずれにしても、**ノートは板書を写す場所ということにとどまらず、様々に活用できる場所である**ということを1年生の間に実感させていくとよいでしょう。

オリジナルのノートをつくらせる（発展期）

板書を正しく写せるようになってからは、少しずつ自分で工夫したノートにしていくことが大切です。低学年のうちから（時期的には2年生になってからの方が問題なく取り組めると思います）、ノートに自分の考えを書き込んだり、友だちの考えで「いいな」と思ったことを写したりすることから始めます。「毎時間のノートで1つでもよいから自分の考えを書く」ということを意識させましょう。

最近では、ノートの書き方などを学校で統一しているところが多いと思います。若手の先生が増え、指導を横並びの状態にしておくことで差が出ないようにするためでしょう。子どもたちにとっても、ノートや板書などが校内で統一されていることで、だれが担任の先生になっても学習のスタートで迷うことが少なくなるというメリットがあると聞きます。

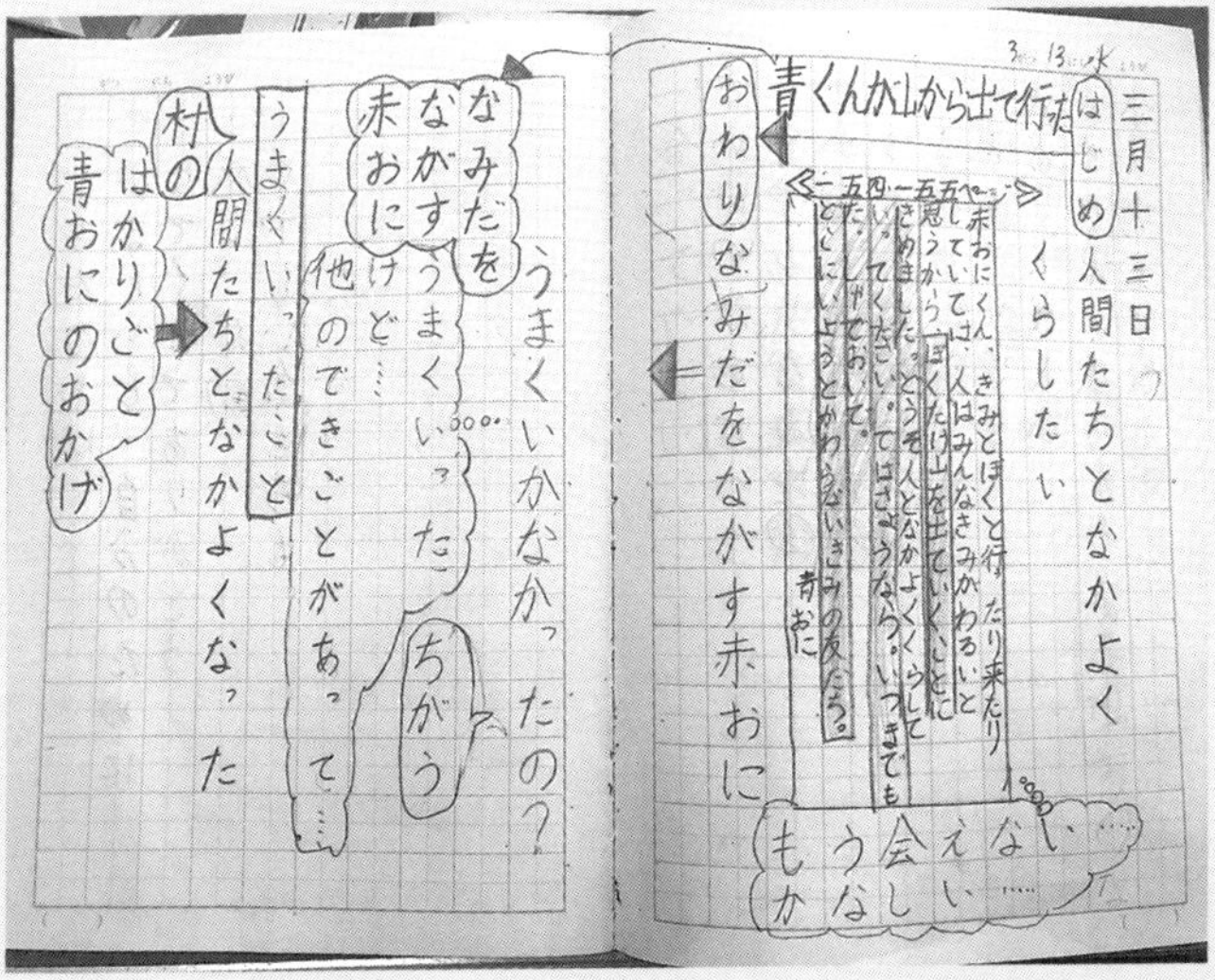

しかし、こうした画一化しすぎた指導は、子どもから考える力を奪うことが危惧されます。しかし、自分だけ校内で決められたことを逸脱するわけにはいけません。そんな中でもできるのが、このように子どもたちが自主的にノートづくりができるようにするという方法です。

写真は、**自分の考えを吹き出しにして書き込んでいる2年生のノート**です。こうしたところから、自分で工夫するノートづくりが始まります。こうしたノートを紹介し合ったり、価値づけたりしていくことを通して、ノートづくりが学級の文化として根づいていきます。

こうして培ったノートを自分なりに工夫して構成する力は、様々なところに生かされるようになります。そこで、低・中・高学年に分けてどのようなノートづくりの工夫をしていけばよいかをここにまとめます。

低学年

・授業の感想やふり返りを書く。

・自分の考えを吹き出しにして書く。

中学年

・自分の考えや友だちの考えで新たに気づいた視点などについて書く。

・大事なところと考えたところなど、ペンなどを効果的に使い、色分けして書く。

高学年

・見やすさや、その学習で大事だと思うことを意識して、自分なりに構成を工夫して書く。

この表にあるものは、その学年で行ったらそれで終わりというものではありません。低学年で行ったことは、中学年や高学年でもできるようにしていくことが重要です。繰り返して行うことや、積み重ねを意識していくとよいでしょう。

例えば、**家庭での自主学習（自学）で、学校でまとめたノートをさらに整理して書くとい**

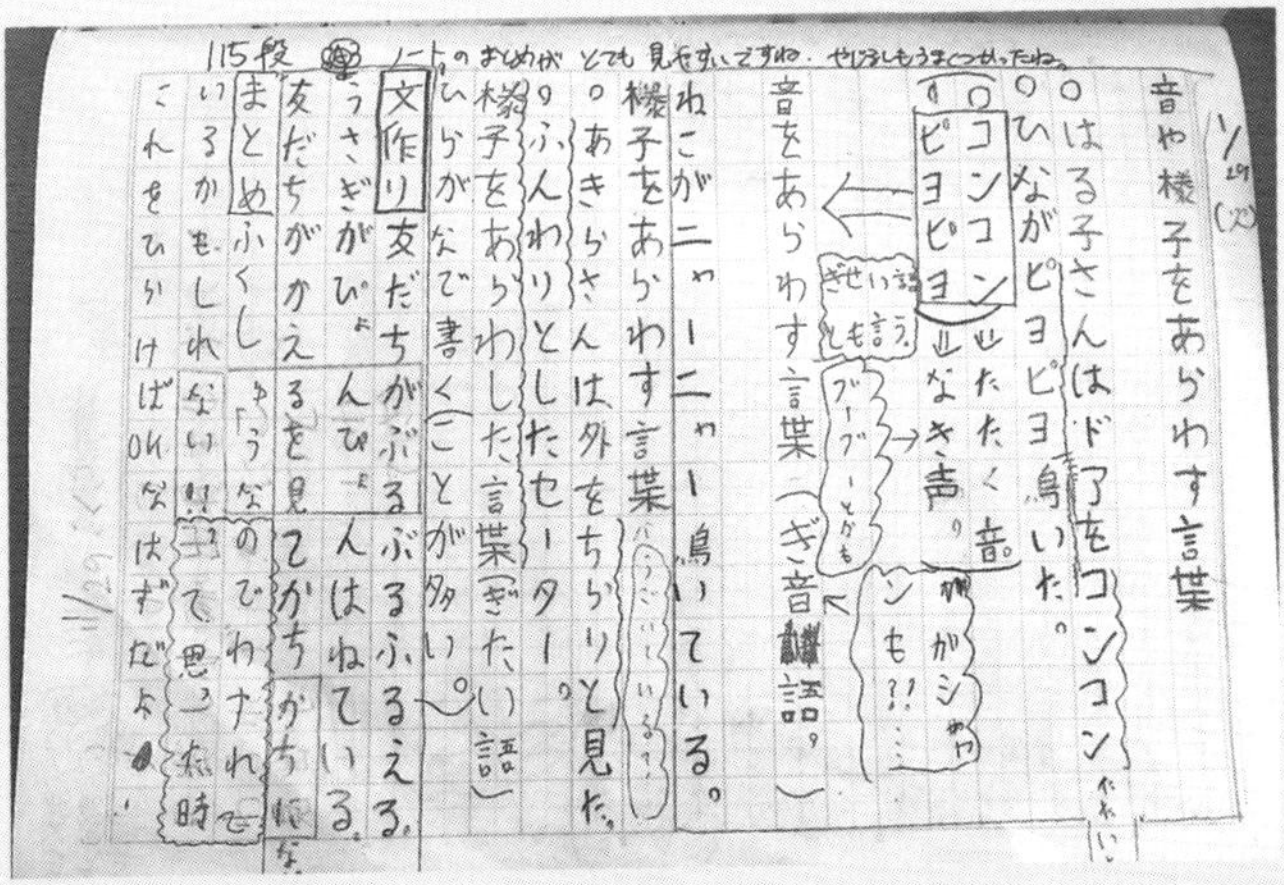

う活動を行うこともできます。上の写真は、2年生の自学ノートです。物語の学習をまとめたものではありませんが、学校でのノートづくりが家庭での学習でも生かされています。

例えば、私の学級では、ノートを書くときに、板書などを写すのは黒、大事なところは赤、自分の考えなどは青で書くということを決めています。子どもたちには、自学ノートをまとめるときも、それを意識して行うように伝えています。

また、ノートを1ページ進めれば「段が増えて進級していく」こと、「ノートのまとめ方にA、B、Cなどの評価がつく」ことを伝えました。自学ノートも授業ノートと同じように、紹介し合うということを定期的に行います。そして、友だちからのコメントを付箋紙でもらうというようにしました。

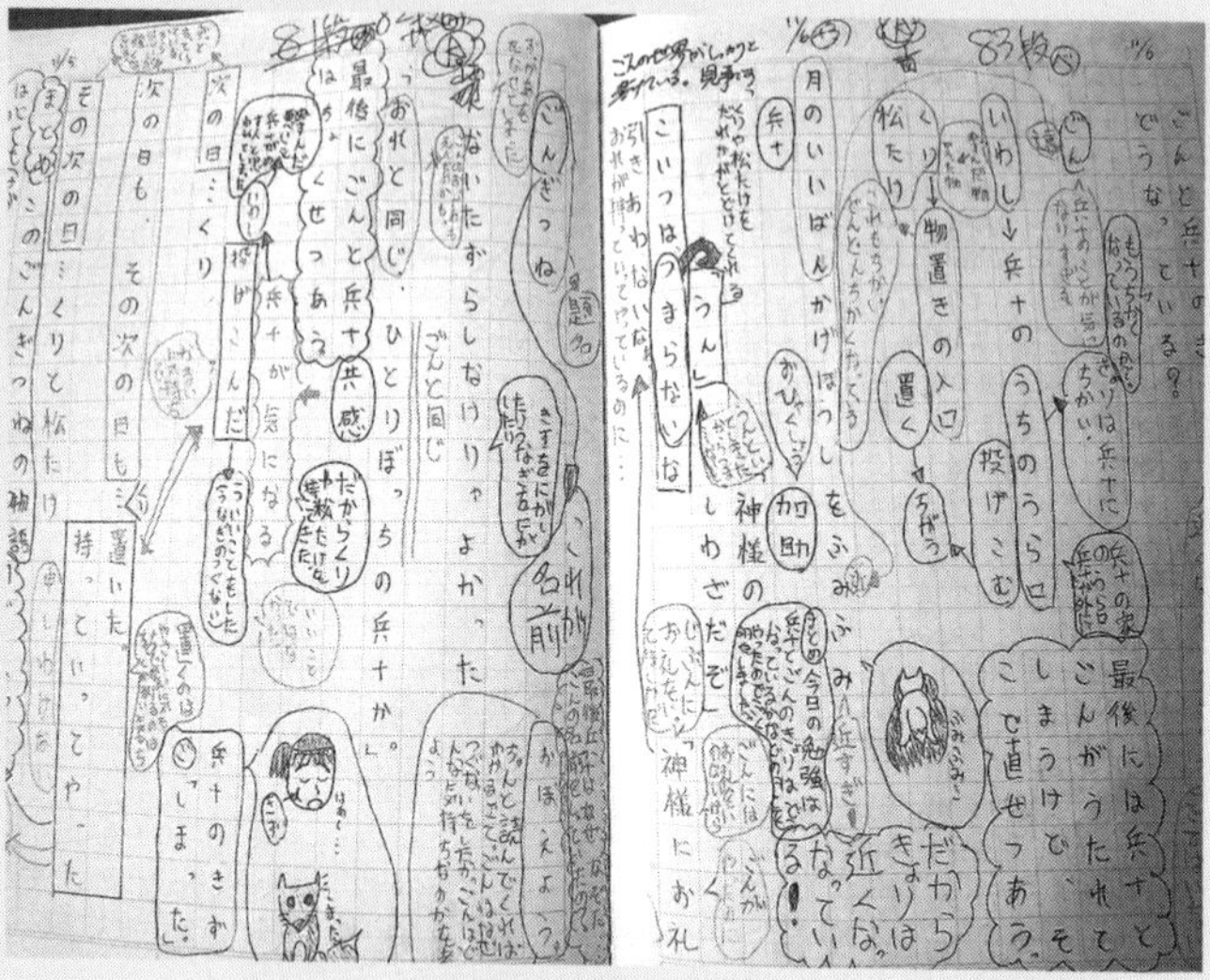

それらがすべてノートづくりの力を向上させるところにつながったと考えています。

上の写真は、4年生の子どもたちが、『ごんぎつね』の学習をまとめた際の自学ノートです。

低学年のノートとの違いとして、例えば、記号やイラスト、矢印などを活用していることがあげられます。

このように、**記号やイラストを積極的に使うことで、ノートづくりに段々と個性が出てくるようになります。**こういったノートは、視覚的に目立つだけでなく、楽しみながらまとめることができていると言えるのではないでしょうか。こうしたノートづくりの技術を、学級で共有できるようにしましょう。そうすることで、さらに自分で工夫をしてまとめるという気持ちが育っていき、授業のノートづくりにもつながる力となります。

このように、授業と家庭での学習とをつなげていくことは、ノートづくりの力を高めるうえで、おすすめの方法です。中学年以降になると、鉛筆やペンの色、吹き出しの形や矢印など、自分なりの工夫が出せるよう、ある程度自由にしているところもあります。「やらされている」ノートづくりではなく、自分から「自主的に考えて進めている」ノートづくりにするためです。

ただし、気をつけるべきことがあります。それは、**ノートをカラフルに彩ったり、図を入れたりすると、「何となくうまくまとめられた」という気持ちが強くなる**ということです。ですから、どのような内容になっているのか、ふり返る過程が重要になります。ただ、最初はカラフルでも構いません。最終的に、「自分で色のきまりをつくってノートをまとめる」という気持ちが育っていけばよいと思います。

授業と家庭での学習を連動させることで、より効果的にノートづくりの力を育ててください。

感想・交流・ふり返りに生かす

ノートは、黒板に書かれていることを写すためだけに存在しているわけではありません。しかし、子どもたちの中には、「とにかく板書を写すことがすべて」という感覚になっているケースが見られます。もちろん、板書を写すのは大切なことですが、それがすべてではありません。**ノートは思考のツールとして活用できるものであってほしい**と思います。

そのためには、自分なりに工夫してノートづくりをしていくことが重要です。

工夫してノートづくりをすることによって、思考力や表現力、さらには学習意欲そのものが向上していきます。ノートに自分の考えを書き込んだり、友だちの考えのよいと思ったところを書き込んだりしていくことは、ノートの「どこに」「何を」「どのくらい」書くかを自分なりに考え、構成していくことにつながります。そして、ノートが思考の作戦基地となっていきます。ノートを読み返せば、その日に学習した足跡がしっかりと残っている状態になります。これは、学力向上の観点からも重要です。

また、書くことは表現することとも大いにつながりがあります。つまり、どのようにノートをレイアウトするか考えることは、様々な文章で表現することの土台になり得るのです。例えば、高学年になって、パンフレットやリーフレット、新聞などで学習したことをまとめることがあります。そういったときに、ノートづくりで培った力が間違いなく生かされます。

さらにノートは、どんどん紹介や交流を行っていくことで、より洗練されたものになっていきます。「こういうノートのまとめ方は見やすいな。よし、自分もやってみよう」とか、「友だちにも評価されるし、よりよいノートづくりをしていこう」といったように、学びに向かう意欲の高まりがみられるでしょう。

次ページからは、取組の事例を紹介していきます。思考ツールとしてのノートにしていくためには、第一段階としてノートに感想を書くようにすること、そして、交流や紹介を行うこと、さらに、ふり返りをすること、です。

事例解説『サラダでげんき』『ごんぎつね』

『サラダでげんき』（1年）の実践

『サラダでげんき』は、病気になったお母さんを元気にするため、りっちゃんという女の子が一生懸命サラダをつくろうとする話です。様々な登場人物（小さなアリだったり、大きなアフリカゾウだったり）が登場し、サラダづくりのアイデアを教えてくれます。

1年生は、まだノート指導の入門期と言える状態です。よって、「りっちゃんは、それぞれのアイデアに対してどんなことを言ったか」ということを短い言葉で書かせました。最初は「ありがとう」というような感謝の言葉をひと言だけ書く子が多いのですが、その中にも、「○○をいれたらおいしくなったよ」というように、話の内容に関連づけて書く子がいます。それを全体で交流する際に**「○○さんは、こんなことを書いていたよ。工夫して書きましたね」**と確認します。すると、次の場面でそれを真似して書く子どもが必ず出てきます。

ここで、**「真似して書けた」ということを価値づけます。**つまり、よいと思ったことを自分の学びに取り入れたことを認めるのです。こういった姿勢が学ぶうえで大切なのだということを1年生から伝えていきます。

また、ノートの右半分には授業の板書などを写させ、左半分には「りっちゃんの言葉」を考えて書くという形で行いました。このように、**基本的に見開きの2ページで書くということを習慣づけていく**とよいでしょう。右半分は板書に関すること、左半分は授業で自分が考えたことや感想を書くようにしていくと、一年の間でノートに書くことに慣れていきます。

また、どの学年であっても、書いたノートはこまめにチェックして評価することをおすすめします。私は、ノートは書いた子からどんどん持って来させるようにしています。授業後では見るのが大変だからというのもありますが、自分が書いたことが新鮮なうちにアドバイスや具体的なほめ言葉をもらった方が、子どもたちの記憶にも残りやすいと考えているからです。

『ごんぎつね』（4年）の実践

中心人物である「ごん」が、「兵十」に対してひたむきにつぐないを行う姿、兵十に心を近づけていくところで起きた悲劇的な結末が読者の心を打つ物語です。
授業におけるノートづくりでは、次の2点を中心に実践しました。

・場面における「ごんの日記」を書き、交流し合う。
・単元の終末に、「ごんぎつねのその後」を考え、創作する。

『ごんぎつね』は、時を表す言葉を手がかりに考えると、秋の日のわずか二十数日間で起こった出来事であるということに気づきます。そこで、時を手がかりに場面を分け、それぞれの場面でごんが日記を書いたとしたら、どんなことを記したかを書くという活動を行いました。

この活動を通して、ただいたずらばかりしている小ぎつねであったごんが、自分と同じ境遇である兵十への共感や思慕の念を抱いていくということに気づくことができました。この日記は、**最初は紹介という形をとり、後半は互いに読み合うことも行いました。**

次は、単元の終末で「ごんぎつねのその後」を書く活動を紹介します。『ごんぎつね』

の冒頭部分は、語り手である「わたし」が「村の茂平というおじいさんから」聞いた話という入りで始まります。つまり、ごんが兵十に撃たれて終わる悲劇的な結末には、後日談があることがわかります。おそらく、始まりは兵十が加助に話したところからでしょう。そして、それが村で語り継がれていき、最終的に茂平じいさんから私に伝わったという流れです。

『ごんぎつね』は、結末場面で視点人物がごんから兵十に変わります。そこで、今度は兵十の視点で日記を書き、それを基にその後の話を創作するという学習を行いました。

一人ひとりが書いた作品については、ギャラリーウォークのような形で紹介し合いました。机を並べ、互いの作品を読み合いながら付箋に感想を書くという流れです。ここで大切なのは、**感想を書くときの観点を示す**ということです。観点を示すことで、ねらいやつけたい力に迫ることができます。この授業では、友だちの作品を読んで「納得したところ」「新しく気がついたこと」を中心に書くということを観点にしました。こうすることで、自分の書いた作品と、友だちが書いた作品の共通点を見つける子どもが多く、新たな気づきを得る子どももいました。それらを全体で共有することで、学習を終えることができました。

ノートの4つの機能を意識して指導する

ここまでノート指導について具体的な事例を交えながら述べてきましたが、ノートが重要な学習用具の1つであるということは間違いありません。実際に授業をするとき、ノートに書かない時間もありますが、基本的にはノートを開いて、板書を写させたり考えを書かせたりすることが一般的です。

では、そもそもなぜノートを書くのでしょう。最後に、このことについて考えてみたいと思います。ここで目を向けたいのは、よく言われる、ノートの「4つの機能」です。

「練習」の機能

学習内容を習得するためにくり返し練習する場として使われます。ひらがなの練習や漢字練習、ローマ字練習など、正しく書くことができるよう、何度も練習していきます。

「記録」の機能

学習した内容を、後で読み返すために文字や図などを用いて記録します。特に板書を写す場合などがこれに当たると考えてよいでしょう。「その日にどんな学習をしたのか」がノートを開いたときにわかるよう、見開きで記録させるのが基本です。

また、低学年のうちは、「黒板の内容が正確に写せているかどうか」、中学年以降になると「自分なりに工夫しながら見やすくまとめているか」などがポイントになります。

「整理・保存」の機能

若手の先生の中には、ワークシートに頼ることが多いという方もいるでしょう。ワークシートは、「どのように書けばよいかはじめからすべてを案内してくれている」状態です。そこには、自分で考えたり工夫したりする余地はありません。ですから、私は安易にワークシートを使うべきではないと考えます。

しかし、なかなか学習についてくることが難しい子でも、ワークシートがあると学びに参加できるというケースもあります。だからこそ、ワークシートを使った時は、ノートに貼るということを習慣づけていきたいところです。学習で使用したプリントなども貼っておくことで、後から読み返したときに、学習の足跡がしっかりと残った状態になります。

「思考」の機能

ノートの機能の中で、これが最も重要と言えるでしょう。これまで述べてきたことも、この「思考」の機能を意識した実践と言えます。ノートに自分の考えを書かせることは、子どもたちの言葉の力を大いに伸ばすことにつながっていきます。

自分の考えを、ノートに言語化したり図化したりすることで、ノートは「思考の作戦基地」へと早変わりします。思考の作戦基地となったノートによって、自分の考えがはっきりしたり、考えの流れが整理整頓されたりすることにつながっていきます。

ここまで述べてきたノートの4つの機能を意識してノート指導をしていくとよいでしょう。そうすることで、何をどのように書かせるのかということや、1年生から6年生まで系統的にどのようなノート指導をしたらよいかが見えてきます。

また、**ノートづくりの力は個人差があり、一朝一夕には身につきません。**ですから、粘り強い指導が必要です。

第9章

評価の技術

Chapter 9

感想・意見は「理由」を太らせて評価する

みなさんは次の2つの感想を読み比べて、どう思われますか？

A　ごんは、最後に死んでしまったので、かわいそうだと思います。

B　ごんは、最後に死んでしまったけれど、幸せだと思います。

どちらも、最後にごんが死ぬという同一の事実を「根拠」として書いているはずなのに、「意見」は正反対になっています。このまま話し合いをしても意見がぶつかるばかりで、かみ合うのは難しいでしょう。なぜならば、「なぜ死んだことがかわいそう（幸せ）だと思ったのか」というその子どもなりの解釈が見えてこないからです。これは「理由」として、事実である「根拠」とは区別すべきものです。**「意見」と「根拠」を結ぶ「理由」を**

つけ加えると、その子らしい思考が読みに表れ、話し合いがかみ合うようになりますし、よさも評価できるようになります。

Ａ　ごんは、最後に死んでしまったので、もう兵十と仲良くすることも、償いをすることもできなくなるから、かわいそうだと思います。

Ｂ　ごんは、最後に死んでしまったけれど、くりやきのこを持って行ったのが自分だと兵十に気づいてもらえて、幸せだと思います。

この「理由」の部分には、既習事項はもちろん、読書や家族との思い出といった、その子どもなりの生活経験が出されます。また、例示を用いた類推的な考えが出されるかもしれません。そのように理由を加えて太らせることで、子どもの意見はどんどん論理的になり、説得力をもつようになります。

そのための主な手立ては**「教師の問い返しによる理由の掘り下げ」「友だちとの話し合いによる理由の拡大」**の２つです。

▼▼▼事例解説『わらぐつの中の神様』

単元の中盤、子どもが物語の構造や設定を理解し、ある程度読解が進んだころのことです。若い大工さんの心情の変化を捉えさせようと、次のような発問をしました。

「大工さんがおみつさんをお嫁さんにしたいと思ったのは、何回目に会ったときでしょう？」

教材文中に書かれている限り、2人は6回出会っています。子どもが出す意見を整理すると、A「1回目」B「2回目」C「3～5回目」D「6回目」という選択肢ができました。ここで、自分の考えがどれかを、マグネットネームで表明させます。これが意見を組み立てるスタートになるので、**必ず全員の立ち位置を可視化させることが大切**なのです。

次に、同じ意見の人と話し合いながらその理由を考えさせました。この時点ではまだ根拠と意見が混在しています。

そこで、「教材文を基にした強い根拠か、全員が納得できる事例を基にした弱い根拠を必ず見つけましょう」と促すと、次のようになりました。

A　おみつさんの顔をまじまじと見つめているから、出会ったときから好きだった。
B　おみつさんを見つけたらすぐに買っているから、もう好きになっていた。
C　「ごんぎつね」のごんのように、毎日買っているうちに少しずつ好きになった。
D　「いきなりしゃがみこんで」いるから、その瞬間好きになった。

どれも根拠を基にしているので、一見整合性があるようですが、意見とどうつながっているのか吟味が必要です。Bの意見を出した子どもに問い返し、理由を太らせます。

T　すぐに買うことは、なぜ好きにつながるの？
C　1日目はわらぐつをじっくり見て、おみつさんの顔をまじまじと見つめてから買っていたのに、2日目はすぐ買っているから、おみつさんを信用していると思います。
T　どうして2日目はおみつさんを信用したの？
C　ううん。きっと家に帰ってわらぐつを履いてみたら、すごくよくできていて、こんなものをつくる人って信用できるな、素敵だなって思ったのではないかな。

この理由を聞いた他の子どもは、自分の意見と根拠をつなぐ理由を太らせ始めました。「ぼくのお父さんもね」「前に読んだあの話では」「その後のおばあちゃんの話だと」

意見にその子どもらしい理由が増えることで、教師が見取る評価も深くなっていきます。

焦点化した言語活動で評価の窓を小さくし、短時間で思考を見取る

前項で説明した「意見」＋「根拠」＋「理由」という論理的な意見を書かせる活動は、子どもの思考や判断を可視化するとても強力な方法です。しかし、その分しっかりと思考・判断・表現させる時間を設定し、やり方に慣れさせる必要があります。ですから、1時間の授業の中では、**短時間で子どもの思考・判断を見取ることのできる活動もあわせて考えていかなくてはなりません。**それが「評価の窓を小さくする」ということです。簡単なものだと「教材文の当該部分に線を引かせる」といった活動も当てはまりますが、物語の読解においては、正解と不正解が簡単にわかるものでは、思考に深まりが出ません。次に述べるような可視化の方法を用いて、子どもがどのように読み取っているのかを見取り、指導に生かしていきましょう。

絵や図に関係をかく

人物や物の関係を簡単な図でかかせることで、子どもが読み取った事物の位置関係を見取ります。（例「敷地内のどこに兵十はいて、うちの中に入っているごんをどの方向から見ているのですか？　図の中に○と↑で書きましょう」）

吹き出しに台詞を書く

まず吹き出しの形をかかせ、そこに人物の言ったであろう台詞を書かせることで、子どもが想像する人物像や場面の状況を見取ります。（例「『大きなかぶ』で、犬が猫を呼びにいったときに、何て声をかけたのかな？　吹き出しに書きましょう」）

空白を埋める

文中で対比・類比されている事物を表の空白に書かせることで、子どもが考えている関係性を見取ります。（例「『世界でいちばんやかましい音』で、最初の場面と最後の場面で何がどう変わっていますか？　表にまとめましょう」）

一言でまとめる

キャッチフレーズのように、一言（一文）で人物や事物の特徴をまとめさせることで、子どもが捉えている人物像を見取ります。（例「スイミーは○○な魚」）

事例解説①『ふきのとう』

ノートに横線を3本引かせ、上が雪、下が土だと説明します。そして、次のように問いかけます。

「ふきのとうはどこにいますか？ 今の図にかき込みましょう」

おそらく、Aのようにかく子どもが多いでしょう。これは「雪の下にあたまを出して」の部分がうまく読み取れていないまま「雪をどけよう」というイメージを強くもっているために起きている問題です。

ここは、Bのように土に埋まっていることを図示して確かめておきましょう。ここで共有しておかないと、最後の「もっこり」とふきのとうが顔を出すイメージがうまくもてなくなってしまうからです。

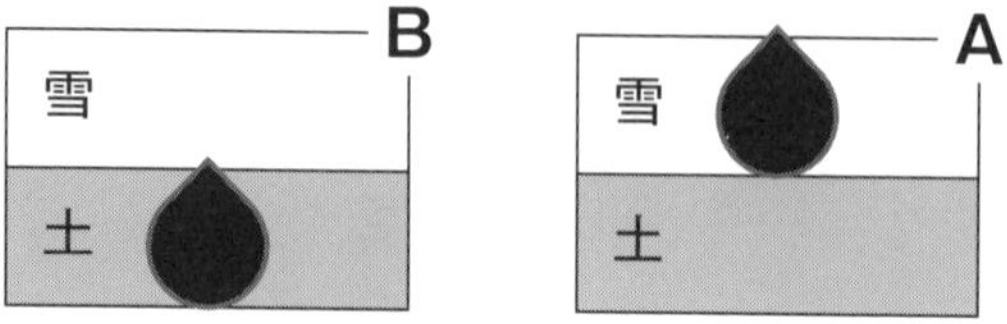

事例解説② 「スイミー」

最初の場面の読解をした後、本時のまとめとして、次のように問いかけます。

「スイミーを『　　　な魚』と一言でまとめます。あなたならなにと書きますか？」

ここでは「まっくろな魚」「およぎのとくいな魚」といった、教科書の記述に沿った言葉が並びました。

そして、最後の場面の読解をした後にも、同じ質問をして子どもに書かせました。すると「ゆうきのあるかしこい魚」「なかまおもいのリーダー魚」といった言葉が並びました。

そこで、自分が最初に書いた言葉と比べさせると、スイミーの成長に関する意見がたくさん出てきて、それぞれの子どもの読みの深まりも捉えることができます。たった一言にまとめるだけですが、深い読みをしている子どもは「なるほど」と全員が納得できる言葉を書きます。そういった子どもに理由を説明させることでも学びは深まっていきます。

子どもとつくるルーブリックで言語活動を評価する

そもそも、評価の目的とは、楽しく、わかりやすい指導ができているか、子どもに学力は身についているのかを確かめ、授業を改善していくことです。そのため、学びの主体である子ども自身にも評価をフィードバックすることで、改善の見通しをもたせることができるようになります。それだけでなく、**評価の指標がきちんと理解できていれば、活動に対する自己評価や相互評価もしやすくなり、子どもの主体的な学びや、身についた力の実感へと結びつく**でしょう。この評価の指標を「ルーブリック」と言います。もちろん、物語文を読解する言語活動の質を深めるためにも有効な方法です。

ルーブリックの作成

ア　これまでの言語活動で作成したワークシートや作文等を用いて、子どもそれぞれがレベル1から4までの評価をする。

イ　それぞれの評価を出し合い、互いのずれを確認することにより、評価する視点を共有する。

ウ　共有した視点から、４つの段階をわかりやすい文にまとめる。また、それぞれの段階の基準となるアンカー作品を抜き出す。

エ　本時の言語活動が終了した後、ルーブリックを基に自己評価と相互評価を行い、評価のずれを埋める話し合いを行う。

オ　どうすれば次の活動で上の段階に行けるかという方策を考える。また、やってみて気づいたことを基に、ルーブリックの基準や文言を修正する。

ルーブリック実施上の留意点

・だれがつくった作品かによる評価への影響を減らすため、評価指標を作成するときに提示する作品は匿名のものにする。

・相互評価の話し合いは、「どちらの評価が正しいか」ではなく、「なぜずれが生まれたのか」を共有することを目的とする。

▼▼▼事例解説『白いぼうし』

前時は「松井さんがぼうしの中に夏みかんを入れたことは、よい方法だったのか」について話し合い、終末場面ではそれぞれが意見を書いて終わりました。このとき、「よいか悪いか」という意見の立ち位置と、「なぜそう思うか」という理由を書くように指導したため、表面上はどれもよく書けているように見えました。しかし、よく読んでみると、深いところまで読み取れていても、うまく表現できていない子どもが多いようです。

そこで、本時では、ルーブリックを用いて「よりよい」書き方に気づき、実際に書けるようにする方策を身につけさせようと考えました。

まず、全員が書いた意見文をテキストに打ち直したプリントを配ります。「あー、この子すごくたくさん書いているなぁ」「この書き方おもしろい」。**打ち直すことで、だれが書いたのかや字の巧拙に目が向かなくなり、内容のみに目が向きます。**その後、子どもに次のように指示します。

「一番上手なものをレベル4として、3、2、1と点数をつけてください。ただし、だれにも見せてはいけませんよ」

いつも点数をつけられる側である子どもにとって、評価をするのはうれしいことです。そして、他者を評価するのは責任を負うことでもあります。「えー、どっちだろう」「難しいなあ」といった声が聞こえてきます。

次に、レベル４に選んだ作品とその理由について聞いていきます。よいと思う作品は多くの子どもが共通して選ぶのですが、理由は様々です。それぞれの視点を整理して文に起こしていきます。全体の共通理解を図りながら、次のようなルーブリックができました。

レベル４	教科書に書いてあることを基に、夏みかんの大切さや、男の子の驚く理由など、自分の考えたことをつなげてわかりやすく書いている。
レベル３	教科書に書いてあることを基に松井さんや男の子の気持ちや思ったことを想像して書いている。
レベル２	教科書の言葉を抜き出して書いている。
レベル１	意見は書けているけれど、質問の答えとずれている。説明が足りない。

「これがあれば、次はうまく書けそう」「前回の自分は３だった」という声が出てきました。**ルーブリックは、正解ではなく、子どもがよりよく活動するための指標**なのです。

読みのフレームワークを活用して評価の土台をつくる

作家のカート・ヴォネガットは、講演の中で「基本的なアイデアはグラフ用紙に描くことができる」と説明しています。また「バタフライマップ法」を開発した藤森裕治先生は、「すぐれた論理は美しい」として、文学作品の要素を６つの項目からまとめることを提案されています。心情曲線や構造図など、これまで行われてきた方法は、どちらかと言えば教師のもつ読みの正解に近づけることを目的としてきました。そして、どの物語に対しても同じ方法を使っていました。しかし前述のように、**物語のおもしろさを可視化することを目的とするならば、それに気づくことができるよう、物語の構造によって異なる形式が必要**です。このような読みのねらいと教材の特徴から作成したツールを「読みのフレームワーク」と呼んでいます。このフレームワークに書き込んでいくことが、子どもが物語のおもしろさをどう読み取ったかを知る強力な評価の方法となります。

ふえふえ話のフレーム（1年）

登場人物がどんどん増えていく『おおきなかぶ』『てぶくろ』『おだんごぱん』の3作品を比較するフレームです。子どもが登場人物の順番にどのようなきまりを発見したかを知ることができます。

行って帰るフレーム（4年）

不思議な世界に行く経験を通して中心人物が成長する『つり橋わたれ』『モチモチの木』のおもしろさを可視化するフレームです。ファンタジー世界の入り口出口、中心人物の最初と最後の比較について読み深めることができます。

成長のフレーム（6年）

「幼少期の悲しい出来事」「師との出会いと修行」「幼少期に起因する暗黒面との対峙」「幸せな結末」のような神話的構造をもつ『海のいのち』のおもしろさを可視化するフレームです。成長の過程で起きた出会いと別れがクライマックスにどう結実するのかを読み深めることができます。

事例解説

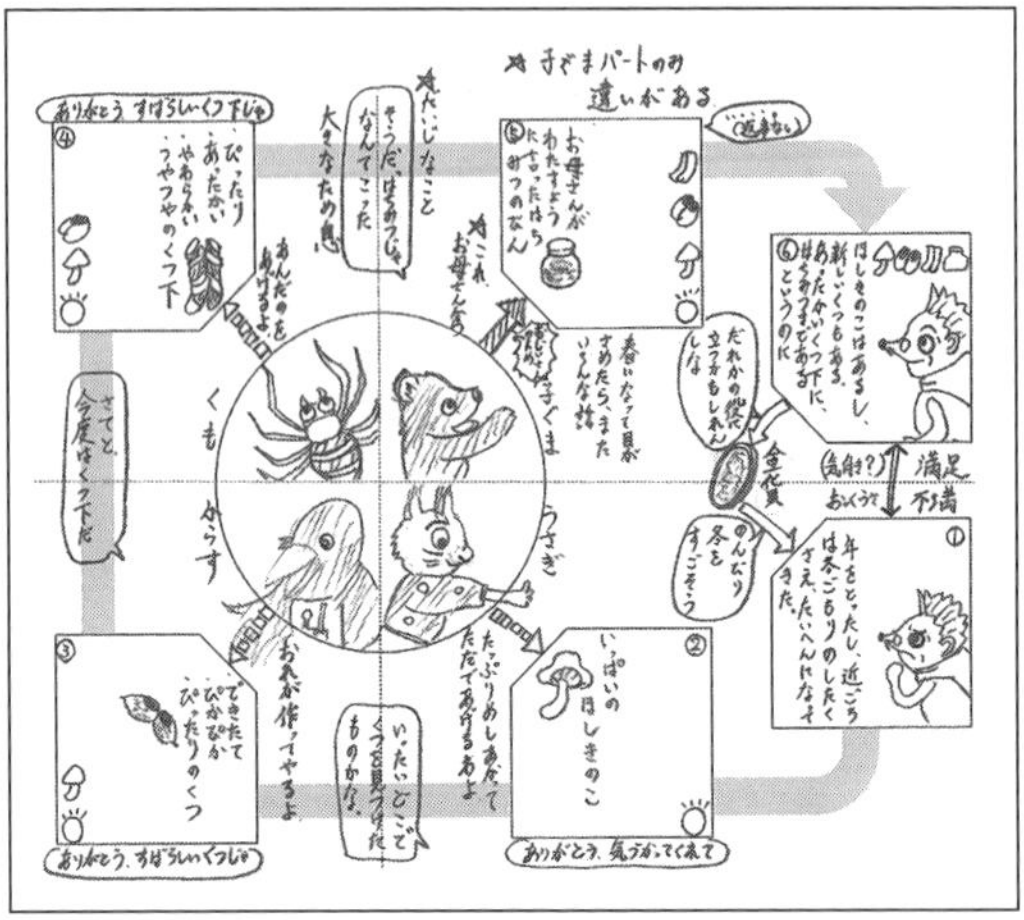

『はりねずみと金貨』

『はりねずみと金貨』（3年）は、偶然拾った金貨で何を買うか右往左往するうちに、ほしかったものがどんどん手に入っていくおもしろさがあります。民話の『わらしべ長者』と同じ構造であることから「わらしべフレーム」と名づけてシートを作成しました。

右下の困った顔のはりねずみから始まり、ぐるりと一周する間に4人の登場人物と出会います。それぞれから何をもらったのか、どんな様子だったのかを書き込み、右上のはりねずみで終了です。

このフレームに書き込みながら、子どもはそれ

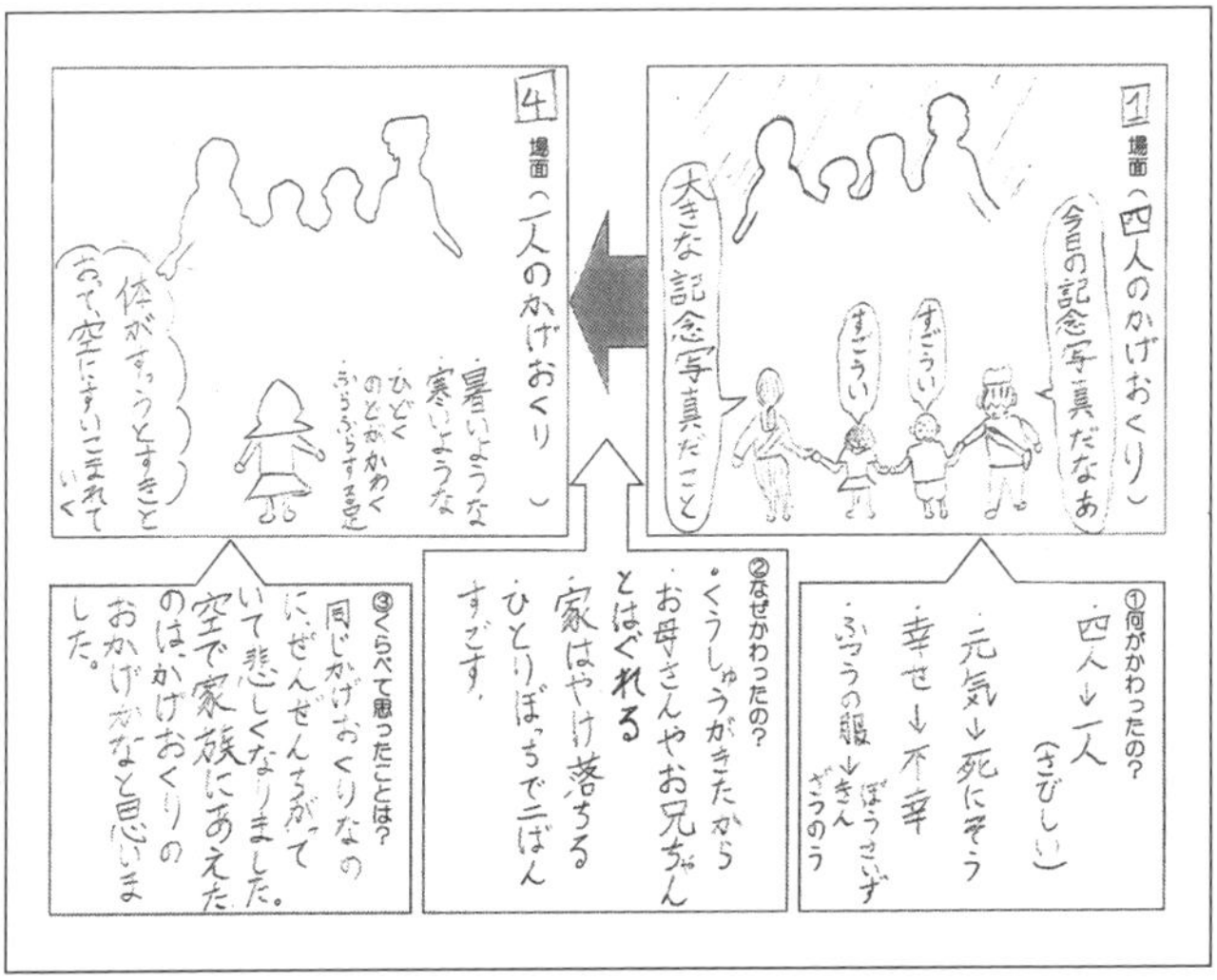

ぞれの場面ではりねずみがどのようなやりとりをしたのかを確かめていくことになります。そして、**はりねずみの最初と最後の様子を比較したときに、どのような価値を読み取ったのかを評価することができます。**

『ちいちゃんのかげおくり』

『ちいちゃんのかげおくり』（3年）は、物語の最初と最後に行われるかげおくりの違いが、戦火を一人で生き抜いたちいちゃんの健気さを際立たせ、子どもの胸に迫ります。『サーカスのライオン』（東京書籍）、『もうすぐ雨に』（光村図書）など、3年生で扱う教材に同じ場面設定の対比があることから、「比べるフレーム」と名づけてシートを作成しました。
2つの場面を左右に抜き出して書く活動で、子どもは違いをはっきり意識し始めます。そのうえで、**「何が変わったのか」「なぜ変わったのか」「変わったことについて自分はどう思うか」を書かせます。**読後の感想だけでは「かわいそう」としか書けなかった子どもも、対比した後には「最初が幸せだったから最後が特にかわいそう」「同じかげおくりを1人でするからかわいそう」などと深めて書くことができます。

『ごんぎつね』

『ごんぎつね』（4年）は、ごんと兵十の心の近づき方にずれがあったこと、ようやく心が通じたと思ったら、死ぬと決まった後だったことといった、2人の人物の心のずれが切なさを生みます。この二者の心の動きを可視化できるようシート（次ページ上）を作成しました。
上半分のごんが徐々に兵十に近づいていくのに対して、下半分の兵十は最後までごんの心に近づきません。**それぞれの場面の心の位置を可視化させることで、子どもは物語の構造のおもしろさに気づいていきます。**

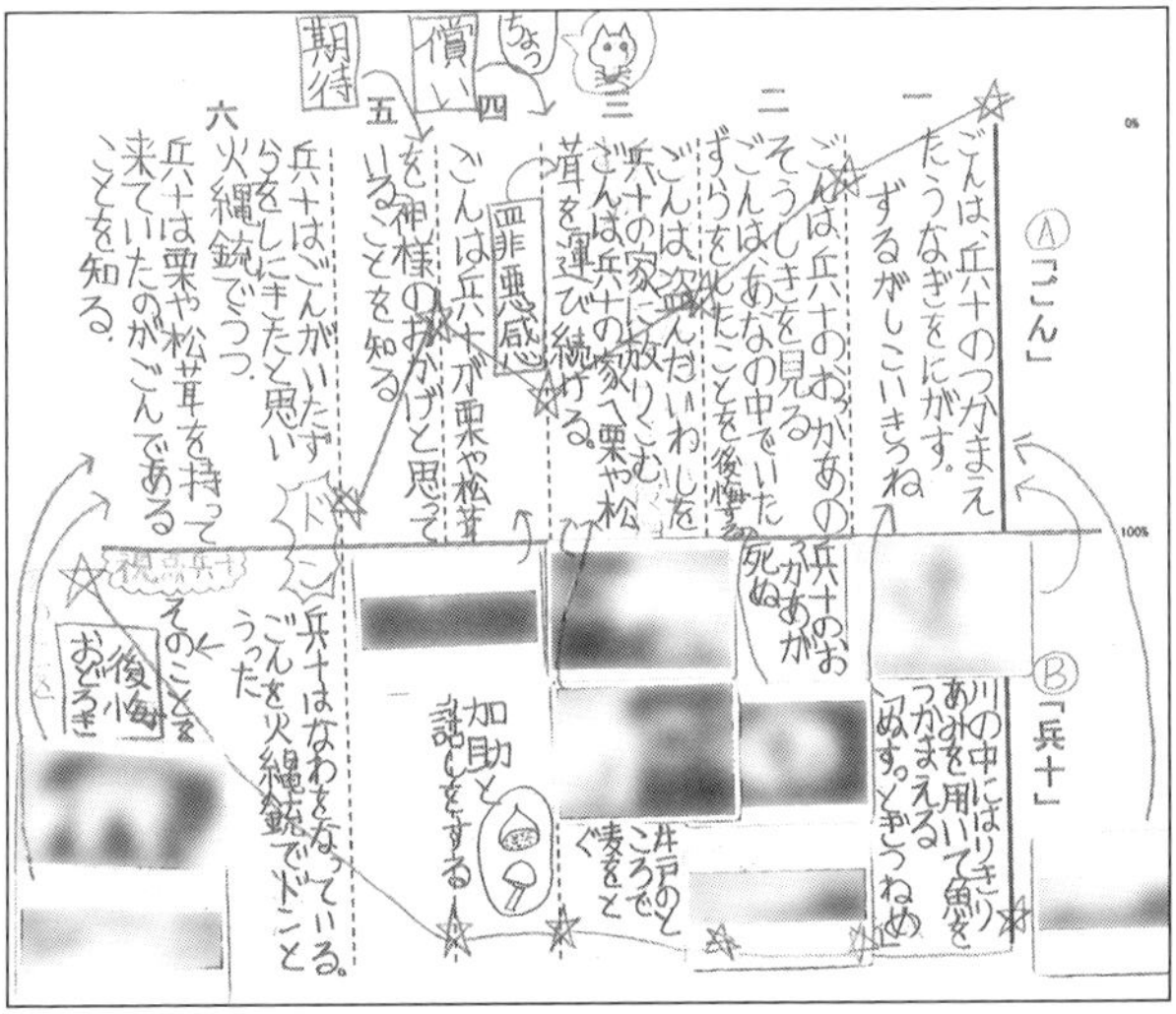
Ⓐ「ごん」
一 ごんは、兵十のつかまえたうなぎをにがす。
ずるがしこいきつね
二 そうしきを見る
ごんはあなの中でいたずらをしたことを後悔する
三 ごんは、盗んだいわしを兵十の家に放りこむ
ごんは兵十の家へ栗や松茸を運び続ける。
四 ごんは兵十が栗や松茸を神様のおかげと思っていることを知る
五 兵十はごんがいたずらをしにきたと思い火縄銃でうつ。
六 兵十は栗や松茸を持って来ていたのがごんであることを知る。
期待
償い
ちょっ
罪悪感
ドン
Ⓑ「兵十」
川の中にはりきりあみを用いて魚をつかまえる
兵十のおっかあが死ぬ
井戸のところで麦をとぐ
加助と話しをする
兵十はなわをなっている。ごんを火縄銃でドンとうった
そのことをおどろき
後悔
0%
100%

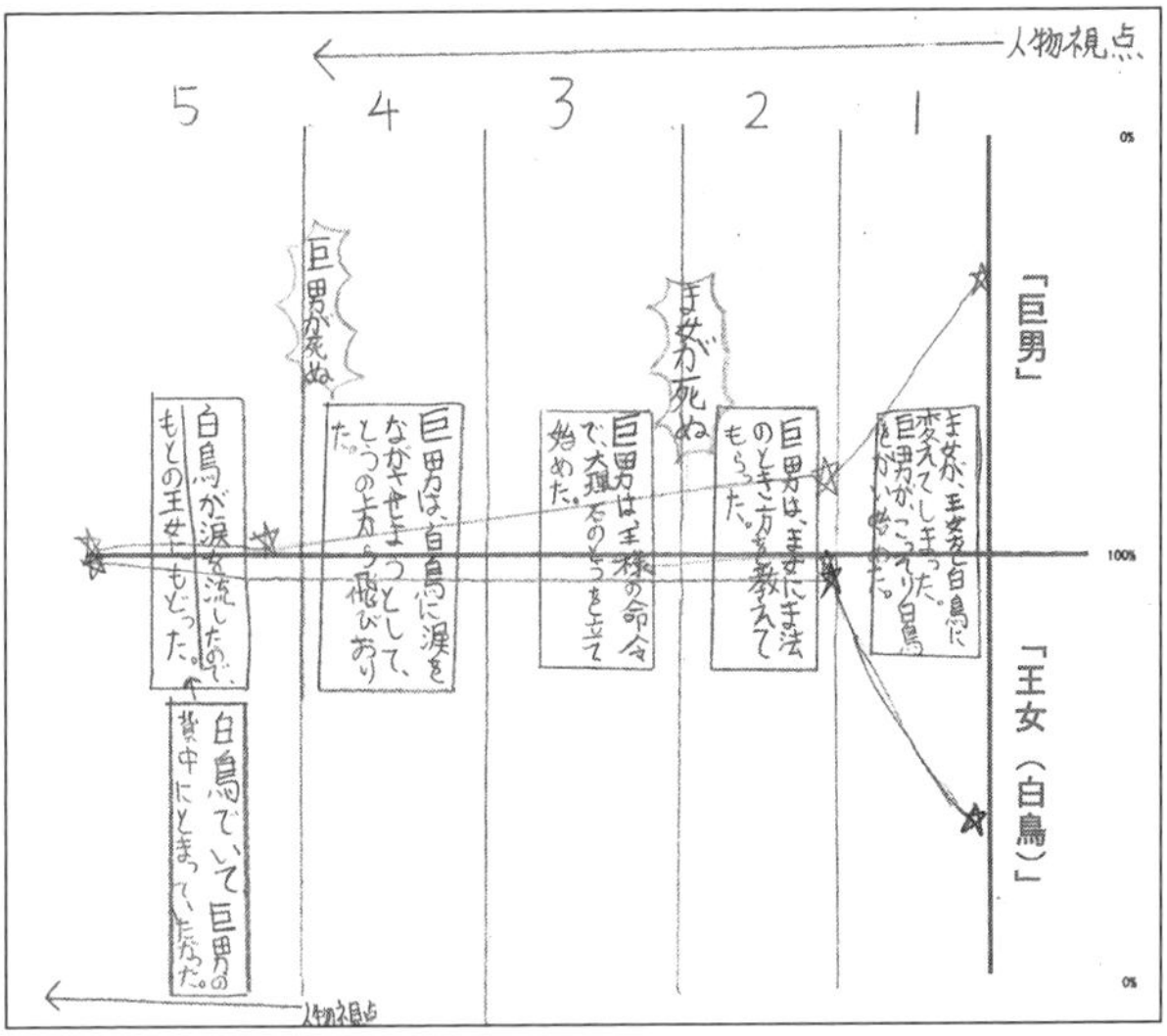
人物視点
5
4
3
2
1
0%
100%
0%
「巨男」
「王女（白鳥）」
ま女が、王女を白鳥に変えてしまった。巨男が、こっそり白鳥をかいはじめた。
ま女が死ぬ
巨男は、ま女にま法のとき方を教えてもらった。
巨男は王様の命令で、大理石のとうを立て始めた。
巨男は、白鳥に涙をながさせようとして、とうの上から飛びおりた。
巨男が死ぬ。
白鳥が涙を流したので、もとの王女にもどった。
白鳥でいて巨男の背中にとまっていた。
人物視点

さらに、同じ作者で似た構造の『巨男の話』をフレーム化すると（前ページ下）、人物の心情の変化がほとんどないことに気づき、改めて『ごんぎつね』の構造の妙を捉え直すことにつながります。

【執筆者一覧】

二瓶　弘行　第1章
（桃山学院教育大学）

青木　伸生　序章
（筑波大学附属小学校）

宍戸　寛昌　第2章，第9章
（立命館小学校）

小林　康宏　第3章
（和歌山信愛大学）

比江嶋　哲　第4章
（宮崎県都城市立五十市小学校）

広山　隆行　第5章
（島根県松江市立大庭小学校）

渡部　雅憲　第6章
（福島県須賀川市立長沼小学校）

大江　雅之　第7章
（青森県八戸市立桔梗野小学校）

弥延　浩史　第8章
（筑波大学附属小学校）

【編著者紹介】
二瓶　弘行（にへい　ひろゆき）
桃山学院教育大学教授
前筑波大学附属小学校教諭
東京書籍小学校国語教科書『新編　新しい国語』編集委員

青木　伸生（あおき　のぶお）
筑波大学附属小学校教諭
全国国語授業研究会会長
教育出版小学校国語教科書『ひろがる言葉　小学国語』編集委員

【著者紹介】
国語“夢”塾（こくご“ゆめ”じゅく）

小学校国語　物語文の授業技術大全

2019年8月初版第1刷刊　©編著者　二瓶弘行
2025年4月初版第7刷刊　　　　　青木伸生
発行者　藤原光政
発行所　明治図書出版株式会社
http://www.meijitosho.co.jp
（企画）矢口郁雄（校正）大内奈々子
〒114-0023　東京都北区滝野川7-46-1
振替00160-5-151318　電話03(5907)6701
ご注文窓口　電話03(5907)6668
＊検印省略　組版所　株式会社カシヨ

Printed in Japan　ISBN978-4-18-302123-6

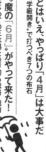